Auf einen Wein mit Seneca

AUF EINEN WEIN MIT SENECA

Gespräche über Gott und die Welt,
aufgezeichnet von Karl-Wilhelm Weeber

Die Deutsche Nationalbibliothek verzeichnet diese Publikation in der Deutschen Nationalbibliografie; detaillierte bibliografische Daten sind im Internet über http://dnb.dnb.de abrufbar.

© 2012 by Primus Verlag, Darmstadt
Die Herausgabe des Werkes wurde durch die Vereinsmitglieder
der WBG ermöglicht.
Einbandgestaltung: mm design, Mario Moths, Marl
Einbandmotiv: © fotolia/see_photography
Motiv S. 1: Teil der Statue von Nero und Seneca, Cordoba, Spanien; © photaki / Miguel López Morales
Motiv S.5, S.13: © picture-alliance/akg-images
Layout & Satz: mm design, Mario Moths, Marl
Redaktion: Rainer Wieland, Berlin
Gedruckt auf säurefreiem und alterungsbeständigem Papier
Printed in Germany
www.primusverlag.de
ISBN 978-3-86312-005-4

Lizenzausgabe für die WBG, Darmstadt
Einbandgestaltung der WBG-Lizenzausgabe: Peter Lohse, Heppenheim
Einbandabbildung der WBG-Lizenzausgabe: Flasche Rotwein samt Glas auf einer Säule © Ocean/Corbis
www.wbg-wissenverbindet.de
ISBN 978-3-534-24461-4

Elektronisch sind folgende Ausgaben erhältlich:
eBook (PDF): ISBN 978-3-86312-835-7
eBook (epub): ISBN 978-3-86312-836-4
eBook (PDF): ISBN 978-3-534-73197-8 (für Mitglieder der WBG)
eBook (epub): ISBN 978-3-534-73198-5 (für Mitglieder der WBG)

INHALT

STATT EINER EINLEITUNG
Seneca interviewt seinen Interviewer

ROLLENTAUSCH
„Fürchtest du nicht, dem Zeitgeist zu sehr zu huldigen?"

Sermones, quos inter nos habitos esse finxisti, mihi, ut probarem, proposuisti. At dubium mihi est, num electio ista et compositio probanda sit. Nonne hoc libello homines tui temporis ad philosophiam adhortari tibi propositum est?

Du hast mir die scheinbar zwischen uns geführten Gespräche zur Prüfung vorgelegt. Ich bin aber im Zweifel, ob deine Auswahl und Zusammenstellung gutzuheißen sind. Geht es dir denn nicht darum, mit dem Büchlein die Menschen deiner Zeit zur Philosophie zu ermuntern?

Wenn sich der eine oder die andere intensiver mit philosophischen Fragen beschäftigen will, wird er manche Anknüpfungspunkte in Ihren Ausführungen finden. Es werden ja auch viele überzeitliche Fragen und allgemeinmenschliche Probleme angesprochen. Aber eine Anleitung oder gar Anstiftung zu Ihrer – der stoischen – Philosophie soll unser Interviewband nicht sein.

In quas res praeter philosophiam vis ingredi? Num quaedam, quae sermonibus tantummodo perstricta atque attacta sunt, in vulgus edere proponis?

Welche Themen willst du, abgesehen von der Philosophie, behandeln? Hast du etwa vor, manches gesprächsweise nur Angetippte oder kurz Gestreifte zu veröffentlichen?

In gewisser Weise schon. Es soll ein Potpourri von Themen sein, eine breite Palette von Gegenständen. Man erfährt im Gespräch mit Ihnen ja auch vieles kulturgeschichtlich Interessante und Amüsante. Sie geben sehr dezidierte Urteile zu historischen Persönlichkeiten ab; vor allem aber nehmen Sie zu ganz aktuellen Fragen unserer modernen Zeit in, wie wir finden, erfreulich erhellender Weise und mit „klarer Kante" Stellung. Man muss nicht immer Ihrer Meinung sein, aber Sie anzuhören lohnt sich immer.

Nonne vereris, ne hoc modo nimis aetatis ingenio assentiaris eaque, quae duobus fere milibus annorum ante sensa sunt, ad tuorum temporum mores accomodes?

Fürchtest du nicht, auf diese Weise dem Zeitgeist zu sehr zu huldigen und Gedanken, die fast zweitausend Jahre alt sind, der Moderne überzustülpen?

Keine Sorge! Wenn man sich von diesem methodischen Bedenken gegen die Aktualisierung „historischer" Aussagen allzu sehr leiten ließe, hieße das ja, dass Denker wie Sie uns nichts mehr zu sagen hätten. Tatsächlich aber stellen wir erfreut fest, dass durchaus Bedarf an orientierenden Ratschlägen und gedanklichen Wegweisern der Geistesgeschichte besteht. Ihre Werke werden doch sogar noch im modernen Lateinunterricht gelesen – auch da übrigens keineswegs nur, weil man sich in der eigenen Meinung bestätigen will, sondern auch, weil Sie mit Ihren manchmal sehr unzeitgemäßen Ansichten kräftig anecken – und damit zur Auseinandersetzung und zum Nachdenken provozieren.

Nisi fallor, aliquot sermones ita composuisti, ut e variis fontibus, ut ita dicam, hauseris sententiasque meas nonnumquam a perpetuitate sermonis divulseris. Quod mihi a ratione ac via eorum, qui profitentur philologiam, longe abhorrere videtur.

Wenn ich mich nicht täusche, hast du etliche Gespräche so zusammengestellt, dass du gewissermaßen aus verschiedenen Quellen schöpfst und meine Gedanken aus dem Kontext löst. Das scheint mir von methodisch sauberem philologischem Vorgehen weit entfernt zu sein.

Merkwürdig, dass gerade Sie uns bei der philologischen Ehre packen wollen, der Sie doch selten ein gutes Wort für die Philologen übrig haben! Die drohen ja Ihrer Meinung nach die Philosophie sprachlich zu zerrupfen. Aber gut, in der Sache haben Sie nicht unrecht: Wir haben tatsächlich thematisch Zusammengehöriges vielfach kompiliert und hin und wieder auch Passagen gekürzt. Trotzdem haben wir kein so ganz schlechtes Gewissen dabei.

Fac promas, si quid habes, quo te purges! Equidem totus auris sum.

Nur heraus damit, wenn du etwas zu deiner Rechtfertigung vorzutragen hast! Ich jedenfalls bin ganz Ohr.

Es gibt eine Reihe von Seneca-Anthologien, die nur Ihre starken Sprüche – oder sagen wir vornehmer: Ihre Bonmots und Sentenzen – abdrucken, und zwar meist ohne jeden Kontext. Von denen soll sich unser Interview-Band deutlich abheben, indem er Ihnen auch Raum gibt, Ihre Argumentationsgänge zu entfalten, die Sie am Ende mit Ihren berühmten Sentenzen krönen.

Id studens nonne satius esse putas omnes meas sententias integras reddere? Attamen multa in crustula, ut ita dicam, scidisti.
An vero voces inanes me fudisse existimas, quae ad brevitatem concisam tibi potissimum sint redigendae?

Wenn du darauf zielst, glaubst du nicht, es ist besser, alle meine Gedanken ungekürzt wiederzugeben? Stattdessen hast du vieles sozusagen in Zuckerhäppchen zerschnitten.

Oder meinst du etwa, dass ich leere Reden führe, die ausgerechnet du auf gedrungene Kürze trimmen musst?

Um Gottes willen, das wollen wir nicht andeuten! Was bei anderen vielleicht hier und da als Langatmigkeit erscheint, ist bei Ihnen doch stets angemessene Länge, die ja auch in Ihrer wunderbaren prägnanten *brevitas* („Kürze") ein stilistisches Widerlager hat. Aber mit den Zuckerstückchen, da haben Sie recht. Wir bekennen uns schuldig im Sinne der Häppchen-Anklage. Aber wissen Sie, wie man das ansprechender – und lateinischer! – benennen kann?

Ne tenuissima quidem dubitatio me tenet, quin tu et ista, ut quidem tibi videtur, probare valeas.

Ich hege nicht den leisesten Zweifel daran, dass du auch das schmackhaft machen kannst – jedenfalls scheint es dir so.

Da schwingt ein spitzer Unterton mit ... Aber wir wollen ja nicht wechselseitig Empfindlichkeiten austragen. Der bessere Begriff ist „Appetizer". Wir wollen einen Vorgeschmack auf den ganzen Seneca geben, Lust machen darauf, zu Ihren Werken auch im Ganzen zu greifen, uns dafür einsetzen, dass die Leser das „anstreben". Im „Appetizer" und im „Appetit" steckt ja, *Ihnen* brauchen wir das eigentlich nicht in Erinnerung zu rufen, *appetere*, „nach etwas greifen", „etwas anstreben".

Re vera philologus acutior callidiorque esse videris. Sed dic, quare sermones nostros in sermonem barbarum converteris. An id agis, ut linguae Latinae illam et vim et pulchritudinem et claritatem deroges, qua per tot saecula omnium iudicio gloriam sibi peperit linguarum reginae?

Tatsächlich, du scheint ein ziemlich spitzfindiger und cleverer Philologe zu sein. Aber sag mal: Warum hast du unsere Gespräche ins Barbarische übersetzt? Geht es dir etwa darum, der lateinischen Sprache jene Ausdruckskraft, Schönheit und Klarheit streitig zu machen, dank deren sie sich so viele Jahrhunderte hindurch nach dem Urteil aller den Ruhm einer Königin der Sprachen erworben hat?

Im Gegenteil, verehrter Seneca! Sehen Sie es als Hommage an diese Königin, vor allem aber an Ihre eigene stilistische Brillanz, Ihre pointierte, dem Kenner genussvolle Ausdrucksweise und sprachlich-gedankliche Meisterschaft an, dass wir Sie im Original zu Wort kommen lassen! Wenn wir Sie darüber hinaus auch im barbarischen Idiom wiedergeben, so ist das der Zeit geschuldet. Nicht alle, die es verdienen, mit Ihren Gedanken vertraut zu werden, sind der Königin der Sprachen mächtig!

O tempora, o mores!
Welche Zeiten, welche Sitten!
Wem sagen Sie das?! Aber es hat keinen Zweck, darüber zu jammern. Der Untergang des Abendlandes steht, finden wir, trotzdem nicht bevor – jedenfalls nicht aus dieser Richtung. Ihre Muttersprache ist im Übrigen in unseren Schulen immer noch beziehungsweise wieder sehr gut im Geschäft, wenn wir das so flapsig formulieren dürfen. Aber wissen Sie, was auch gegen Bildungsfrust manchmal ganz hilfreich ist? Raten Sie mal: Wir verdanken auch das den Römern!

O te adulatorem vel potius corruptorem! Certe inscriptionem libri significas, qua sermones nostros falsam speciem atque imaginem Senecae cuiusdam vinolenti fingens complexus es.
Du Schmeichler oder eher Verführer! Sicher spielst du auf den Titel des Buches an, unter dem du unsere Gespräche zusammenfasst – und dabei den falschen Eindruck einer Art von weinseligem Seneca erweckst.
Aber bester Seneca! Es macht Sie doch, zumal Sie bei manch einem im Verdacht der – *sit venia verbo* – Spaßbremse stehen, nur sympathischer, wenn Sie und wir uns bei den angeregten Gesprächen mit Ihnen ein Gläschen Wein genehmigen oder auch zwei! Und außerdem dürfen wir ausnahmsweise mit einem Zitat argumentieren: *animus aliquando in exsultationem libertatemque extrahendus tristisque sobrietas removenda paulisper;* „manchmal muss man die Seele zu größerer Ausgelassenheit und Freiheit ermuntern und die mürrische Nüchternheit eine Zeit lang aufgeben" (tr. an. 17, 9). Sie ahnen sicher, wen wir da zitieren?

O me miserum! Quid est homo? Imbecillum corpus et fragile, nudum, suapte natura inerme, alienae opis indigens, ad omnes fortunae contumelias proiectum (cons. Marc. 11, 3). **Age, praebe poculum!**
Ich Ärmster! Was ist der Mensch? Ein schwacher, zerbrechlicher Körper, nackt und von Natur unbewaffnet, fremder Hilfe bedürftig, allen Misshandlungen des Schicksals ausgeliefert. Los, reich mir einen Becher!

11

SENECA IM INTERVIEW
Gespräche über Gott und die Welt

ZEITVERSCHWENDUNG
„Indem es aufgeschoben wird, läuft das Leben
sozusagen durch ..."

„Keine Zeit!" Das hört man ein paar Mal am Tag, und zwar von Menschen
unterschiedlichster Stellung und jeden Alters. Ist unsere Lebenszeit zu
knapp bemessen?

Non accipimus brevem vitam, sed fecimus, nec inopes eius, sed pro-
digi sumus. (brev. vit. 1, 4)

Wir erhalten kein kurzes Leben, sondern wir haben es dazu gemacht. Wir
sind nicht arm an Lebenszeit, sondern gehen verschwenderisch mit ihr um.

Inwiefern?

Quaedam tempora eripiuntur nobis, quaedam subducuntur, quaedam
effluunt. Turpissima tamen est iactura, quae per neglegentiam fit.
Et, si volueris attendere, maxima pars vitae elabitur male agentibus,
magna nihil agentibus, tota vita aliud agentibus. (ep. 1, 1)

Ein Teil der Zeit wird uns entrissen, ein anderer uns heimlich entwen-
det, ein dritter verrinnt einfach. Am schändlichsten ist indes der Zeitverlust, der durch eigene Nachlässigkeit entsteht. Schau nur genau hin: Der
größte Teil des Lebens entgleitet uns mit schlechten Taten, ein großer Teil
durch Nichtstun, das ganze Leben damit, dass wir etwas anderes tun, als
wir eigentlich tun sollten.

Das klingt hübsch zugespitzt-sententiös, ist uns aber zu wenig konkret. Womit verplempern wir unsere Lebenszeit nach Ihrer Meinung?

Vita, si uti scias, longa est. Alium insatiabilis tenet avaritia, alium
in supervacuis laboribus operosa sedulitas; alius vino madet, alius
inertia torpet; alium defetigat ex alienis iudiciis suspensa semper
ambitio, alium mercandi praeceps cupiditas circa omnis terras, om-
nia maria spe lucri ducit; multos aut affectatio alienae formae aut
suae cura detinuit, plerosque nihil certum sequentis vaga et incon-
stans et sibi displicens levitas per nova consilia iactavit; quibusdam
nihil, quo cursum derigant, placet, sed marcentis oscitantisque fata
deprendunt. (brev. vit. 2, 1f.)

Wenn du dein Leben zu nutzen verstehst, ist es lang. Aber den einen hält
unersättliche Habgier gefangen, den anderen eine anstrengende Betrieb-
samkeit bei überflüssigen Mühen, der eine versumpft im Weingenuss, der
andere erstarrt im Nichtstun; den einen macht ständiger Ehrgeiz fertig,

der ja vom Urteil anderer abhängt, den anderen führt rastlose Gier, Geschäfte zu machen, in der Hoffnung auf Profit durch Länder und Meere; viele nehmen die Liebe zu fremder Schönheit und die Sorge um die eigene in Beschlag, die meisten, die kein klares Ziel verfolgen, jagt eine unstete, unbeständige, sich selbst misstrauende Haltlosigkeit durch immer neue Pläne; manchen passt nichts, worauf sie den Kurs ihres Lebens ausrichten könnten, sondern das Schicksal packt sie in ihrer Schlaffheit und ihrem ständigen Gähnen.

Könnte man sagen: Es mangelt vielen am Zeit-Bewusstsein?

Exigua pars est vitae, qua vivimus. Ceterum quidem omne spatium non vita, sed tempus est. (brev. vit. 2, 2)

Es ist nur ein kleiner Teil des Lebens, in dem wir bewusst leben. Die übrige Spanne ist ja nicht wirklich Leben, sondern einfach nur Zeit.

Also eine Zeitverschwendung, die die meisten Menschen gar nicht wahrnehmen?

Dum differtur vita, transcurrit. Omnia aliena sunt, tempus tantum nostrum est: in huius rei fugacis ac lubricae possessionem natura nos misit, ex quo expellit, quicumque vult. (ep. 1, 2f.)

Indem es aufgeschoben wird, läuft das Leben sozusagen durch. Alles andere ist fremdes Eigentum, nur die Zeit gehört uns. Die Natur hat uns in den Besitz dieser flüchtigen und schlüpfrigen Sache eingesetzt, aus dem uns jeder x-Beliebige vertreibt.

Wie kommt das?

Re omnium pretiosissima luditur. Fallit autem illos, quia res incorporalis est, quia sub oculos non venit ideoque vilissima aestimatur, immo paene nullum eius pretium est. Annua, congiaria homines carissime accipiunt et illis aut laborem aut operam aut diligentiam suam locant; nemo aestimat tempus; utuntur illo laxius quasi gratuito. (brev. vit. 8, 1f.)

Mit der wertvollsten Sache von allen spielt man herum. Die Leute lassen sich täuschen, weil die Zeit ein unkörperliches Ding ist, weil sie uns nicht unter die Augen kommt und sie deshalb als überaus wohlfeil gilt. Ja, eigentlich hat sie fast überhaupt keinen Wert. Jahresgehälter und Geldgeschenke nehmen die Menschen mit größter Dankbarkeit an, und dafür wenden sie Arbeit, Mühe oder Sorgfalt auf. Aber keiner misst der Zeit einen Wert bei; man nutzt sie ziemlich entspannt – als wäre sie umsonst.

Was sie Ihrer Meinung nach nicht ist. Wie stellt sich für Sie das Verhältnis zwischen Lebenszeit und Tod dar?

Quem mihi dabis, qui aliquod pretium tempori ponat, qui diem aesti-
met, qui intelligat se cotidie mori? In hoc enim fallimur, quod mortem
prospicimus: magna pars eius iam praeteriit. Quicquid aetatis retro
est, mors tenet. (ep. 1, 2)

Wen kannst du mir zeigen, der der Zeit überhaupt einen bestimmten Wert beimisst? Der den einzelnen Tag zu schätzen weiß, der erkennt, dass er tagtäglich stirbt? In dem Punkte irren wir uns ja, dass wir den Tod vor uns sehen: Ein großer Teil von ihm ist schon vorbei. Alles, was an Zeit hinter uns liegt, besitzt der Tod.

Ein Perspektivenwechsel, der aufrütteln könnte oder sollte! Sie nehmen sehr eindringlich gegen die übliche, von Verdrängungsmechanismen begünstigte Zeitverschwendung Stellung. Dürfen wir fragen, wie Sie es persönlich mit Ihrem Zeitmanagement halten? Führen Sie ein Zeit-Sparbuch?

Fatebor ingenue: quod apud luxuriosum, sed diligentem evenit – ratio
mihi constat impensae. Non possum dicere nihil perdere, sed quid
perdam et quare et quemadmodum, dicam: causas paupertatis meae
reddam. (ep. 1, 4)

Ich beichte es freimütig. Es ist so, wie es bei einem sehr wohlhabenden, aber wenigstens sorgfältigen Menschen üblich ist: Die Buchführung stimmt mit den Ausgaben überein. Ich kann nicht behaupten, dass ich nichts verliere, aber was ich verliere und warum und unter welchen Umständen – das kann ich dir darlegen. Ich kann über die Ursachen meiner Zeitarmut Rechenschaft ablegen.

Das heißt: Sie erfüllen zumindest Ihre eigene Forderung, sich die Zeit in ihrem Ablauf bewusst zu machen. Hat diese Sensibilität im Alter zugenommen?

Non solebat mihi tam velox tempus videri; nunc incredibilis cursus
apparet, sive quia admoveri lineas sentio, sive quia adtendere coepi
et computare damnum meum. Eo magis itaque indignor aliquos ex
hoc tempore, quod sufficere ne ad necessaria quidem potest, etiam
si custoditum diligentissime fuerit, in supervacua maiorem partem
erogare. (ep. 49, 4f.)

Früher schien mir die Zeit nicht so geschwind zu enteilen. Jetzt erscheint mir ihr Lauf unglaublich schnell, sei es, weil ich die Grenzlinie nahen spüre, sei es, weil ich angefangen habe, mein Augenmerk auf meinen Verlust zu richten und ihn zusammenzurechnen. Umso mehr empöre ich mich daher über Leute, die von dieser Zeit, die nicht einmal für die notwendigen Dinge ausreichen kann, auch wenn sie besonders sorgfältig gehütet wird, den größeren Teil auf Überflüssiges verwenden.

Ganz so überzeugt, dass wir auch bei größerem Zeitbewusstsein genügend Lebenszeit zur Verfügung haben, hört sich das nicht mehr an. Aber gut. Geben Sie uns am Schluss einen konkreten Rat, wie wir das Viel oder Wenig unserer Lebenszeit möglichst ohne die übliche Verschwendung sinnvoll und bewusst nutzen können?

Maxima vitae iactura dilatio est. Illa primum quemque extrahit diem, illa eripit praesentia, dum ulteriora promittit. Maximum vivendi impedimentum est exspectatio, quae pendet ex crastino, perdit hodiernum. Quo spectas? Quo te extendis? Omnia, quae ventura sunt, in incerto iacent: Protinus vive! (brev. vit. 9, 1)

Der größte Verlust an Lebenszeit ist der Aufschub. Er entzieht uns gerade die nächsten Tage, er entreißt uns das Gegenwärtige, indem er das in der Zukunft Liegende verspricht. Das größte Hindernis auf dem Weg zum bewussten Leben ist die Erwartung. Sie macht sich vom Morgen abhängig und verschwendet das Heute. Wohin blickst du? Wonach streckst du dich aus? Alles, was kommen wird, liegt im Ungewissen: Lebe jetzt!

MACHT GELD GLÜCKLICH?
„Dann sehen die Leute wenigstens, dass Geld auch im Puff lagert ..."

Glück und Geld gehören für viele Menschen ursächlich zusammen: Wenn ich reich bin, bin ich glücklich – so stellt es sich ja wohl nicht nur für Schlicht-gemüter dar.

Fateor. (ep. 115, 17)

Zugegeben.

Aber?

Utinam qui divitias optaturi essent, cum divitibus deliberarent, uti-nam honores petituri cum ambitiosis et summum adeptis dignitatis statum! (ep. 115, 17)

Es wäre gut, wenn sich diejenigen, die sich Reichtum wünschen, vorher mit reichen Leuten darüber berieten, und es wäre ebenso gut, wenn sich diejenigen, die nach Ehrenstellen streben, von Ehrgeizigen und von Men-schen, die höchste Würden erlangt haben, beraten ließen.

Warum? Sie machen es ja spannend ...

Profecto vota mutassent, cum interim illi nova suscipiunt, cum priora damnaverint. Nemo enim est, cui felicitas sua, etiam si cursu venit, satis faciat. (ep. 115, 17)

Bestimmt würden sie ihre Wünsche ändern, während ihre Gesprächs-partner schon neue Wünsche hegen, nachdem sie ihre früheren verwor-fen haben. Denn es gibt niemanden, dem sein Glück, auch wenn es im Sturmschritt zu ihm kommt, ausreicht.

Sie meinen: Der materielle Glücksbegriff ist dynamisch, und selbst derjenige, der eigentlich schon genug Geld zum „Glücklichsein" im landläufigen Sinne zusammenhat, stellt immer höhere Ansprüche, ohne sein „Geld-Glück" so richtig wahrzunehmen?

Neminem pecunia divitem fecit, immo contra nulli non maiorem sui cupidinem incussit. (ep. 119, 9)

Noch nie hat Geld irgendjemanden reich gemacht. Ganz im Gegenteil: Es gibt niemanden, dem es nicht eine noch größere Gier nach Geld ein-geflößt hätte.

Trotzdem werden Sie fast nur Menschen finden, die sich nichts sehnlicher

wünschen, als es jenen Zeitgenossen gleichzutun, deren Statussymbole sie als „glücklich" ausweisen.

Excaecant populum et in se convertunt opes, si numerati multum ex aliqua domo effertur, si multum auri tecto quoque eius inlinitur, si familia aut corporibus electa aut spectabilis cultu est. Omnium istorum felicitas in publicum spectat. Ille, quem nos et populo et fortunae subduximus, beatus introrsum est. (ep. 119, 11)

Reichtum blendet die Leute und lenkt die Augen der Menschen auf sich, wenn viel Bargeld aus irgendeinem Hause getragen wird, wenn sogar das Dach mit viel Gold verziert wird, wenn die Bediensteten körperlich schön und prachtvoll gekleidet sind. Das Glück aller dieser Leute schaut nur als Fassade nach außen. Der, den wir dem Einfluss sowohl des Volkes als auch des Schicksals entzogen haben, ist wahrhaft glücklich – im Inneren.

Also gut: Geld macht nicht glücklich. Aber es beruhigt, sagt der Volksmund. Hat er recht?

Felicissimis opulentissimisque plurimum aestus subest minusque se inveniunt, quo in maiorem materiam inciderunt, qua in fluctuarentur. (ben. V 12, 6)

Die Reichsten, die als besonders glücklich gelten, haben das höchste Maß an Unruhe in sich. Sie finden sich selbst umso weniger, je größer der „Stoff" ist, an den sie geraten sind. In ihm treiben sie förmlich hin und her.

Je mehr Geld, umso *weniger* innere Ruhe, meinen Sie?

Omnia ista bona, quae nos speciosa, sed fallaci voluptate delectant, cum labore possidentur, cum invidia conspiciuntur, eos denique ipsos, quos exornant, et premunt. Plus minantur quam prosunt. Lubrica et incerta sunt, numquam bene tenentur – nam, ut nihil de tempore futuro timeatur, ipsa tamen magnae felicitatis tutela sollicita est. (cons. Polyb. 9, 5)

Alle diese sogenannten Güter, die uns mit gleißendem, aber trügerischem Genuss erfreuen, besitzt man unter Mühen. Ihr Anblick erregt Neid, kurz, sie bedrücken gerade die, denen sie als prächtiges Aushängeschild dienen. Sie stellen mehr Bedrohung als Nutzen dar. Sie sind schlüpfrig und unzuverlässig. Niemals besitzt man sie so richtig – denn braucht man sich auch keine Sorgen um die Zukunft zu machen, bereitet gleichwohl der Schutz so großen materiellen Glücks erhebliche Unruhe.

Geld ist demnach nur ein Schein-Gut: Es macht weder glücklich, noch beruhigt es. Richtig?

*Non sunt divitiae bonum; itaque habeat illas et Elius leno, ut homines
pecuniam videant et in fornice. Nullo modo magis potest deus concu-
pita traducere, quam si illa ad turpissimos defert, ab optimis abigit.*
(prov. 5, 2)

Reichtum ist kein Gut. Deshalb soll ihn auch der Zuhälter Elius ruhig besitzen. Dann sehen die Leute wenigstens, dass Geld auch im Puff lagert. Auf keine andere Weise kann Gott das, was alle begehren, stärker in Verruf bringen, als wenn er es den größten Halunken gibt und von den Besten verjagt.

Es dürfte nicht so leicht sein, dieser Ansicht in einer Hast-du-was-dann-bist-du-was-Gesellschaft Gehör zu verschaffen.

*Admirationem nobis parentes auri argentique fecerunt et teneris in-
fusa cupiditas altius sedit crevitque nobiscum. Deinde totus populus
in alia discors in hoc convenit: hoc suspiciunt, hoc suis optant. Denique eo mores redacti sunt, ut paupertas maledicto probroque sit,
contempta divitibus, invisa pauperibus.* (ep. 115, 11)

Unsere Eltern haben uns die Bewunderung für Gold und Silber beigebracht, und eine Begehrlichkeit, die jungen Menschen eingeflößt worden ist, sitzt ziemlich tief und ist mit uns gewachsen. Ferner stimmt das ganze Volk, so uneinig es in anderen Fragen ist, darin überein: Dazu blicken sie auf, das wünschen sie ihren Lieben. Schließlich sind die Sitten so weit verkommen, dass Armut als Schimpfwort und Vorwurf gilt, von den Reichen verachtet, bei den Armen verhasst.

Mit dieser Sozialisationstheorie und gesellschaftlichen Einschätzung dürften Sie, fürchten wir, richtig liegen. Es hat also wenig Sinn, das Geld zu verteufeln. Aber das ist auch nicht Ihre Intention, scheint uns?

*Quis negat etiam haec, quae indifferentia vocamus, habere aliquid
in se pretii et alia aliis esse potiora? Ne erres itaque, inter potiora
divitiae sunt.* (vita beata 22, 4)

Wer bestreitet, dass nicht auch die Dinge, die für uns Stoiker in Bezug auf das Glück des Menschen keinen Unterschied machen, einen bestimmten Wert haben und dass die einen wichtiger sind als die anderen? Damit deshalb kein Missverständnis bei dir aufkommt: Reichtum gehört zu den wichtigeren Dingen.

Warum?

Quid dubii est, quin haec maior materia sapienti viro sit animum explicandi suum in divitiis quam in paupertate, cum in divitiis et temperantia et liberalitas et diligentia et dispositio et magnificentia campum habeat patentem? (vita beata 22, 1)

Was kann daran zweifelhaft sein, dass dies eine bessere Basis für den Weisen ist, seine Seele im Reichtum als in der Armut zur Entfaltung kommen zu lassen, da ihm Reichtum ein weites Betätigungsfeld für Mäßigung, Freigebigkeit, Umsicht, vernünftigen Umgang mit Geld und Großzügigkeit bietet?

Als Exerzierfeld für Tugend geradezu? Interessanter Aspekt. Könnte man – mit den Einschränkungen, die Sie vorhin schon gemacht haben – Geld als eine Art Wohlfühlfaktor für den Weisen bezeichnen?

Sic illum afficiunt divitiae et exhilarant ut navigantem secundus et ferens ventus, ut dies bonus et in bruma ac frigore apricus locus. (vita beata 22, 3)

Reichtum verschafft ihm einen ähnlich heiteren Gemütszustand wie ein günstiger Fahrtwind dem zur See Fahrenden oder wie ein schöner Tag und ein sonniges Fleckchen bei Winterkälte und Frost.

Aber er darf sich auf keinen Fall von diesem Platz an der Geld-Sonne abhängig machen?

Divitiae apud sapientem virum in servitute sunt, apud stultum in imperio. (vita beata 26, 1)

Bei einem Weisen ist Reichtum in der Position des Sklaven, bei einem Dummen in der Position des Herrn.

DER SEX, DIE FRAU, DIE UNMORAL
„Schamhaftes Verhalten ist ein Indiz für Hässlichkeit ..."

Es gab mal lange nach Ihrer Zeit ein auflagenstarkes Buch mit dem Titel „Joy of sex". Das ist ja im Grunde Latein, nur im anglobarbarischen Idiom: *gaudium sexus.* Gehen wir recht in der Annahme, dass Sie dieses Buch nicht erworben hätten?

Libido, qua necesse est, fluat. (tr. an. 9, 2)
Dem Sexualtrieb gebe man so viel nach, wie es nötig ist.

Hört sich ziemlich lustfeindlich an. Was heißt denn „nötig"?

Si cogitas libidinem non voluptatis causa homini datum, sed propagandi generis ... (cons. Helv. 13, 3)
Wenn du bedenkst, dass der Sexualtrieb dem Menschen nicht gegeben worden ist, damit er Lust hat, sondern damit er seine Art fortpflanzt ...

... dann liegst du auf Senecas Linie – richtig? Und ärgerst dich über all die, die das anders sehen und praktizieren.

Maximum saeculi malum: impudicitia. Invenit impudicitia novam contumeliam sibi. (cons. Helv. 16, 3; NQ VII 31, 1)
Das größte Übel unserer Zeit: Schamlose Unzucht. Sie findet immer neue Wege, sich selbst zu schänden.

Und daran sind Ihrer Ansicht nach die Frauen nicht unschuldig, vermuten wir, weil *pudicitia* im römischen Wertsystem als spezifisch weibliche Tugend gilt?

Numquid iam ulla repudio erubescit, postquam illustres quaedam ac nobiles feminae non consulum numero, sed maritorum annos suos computant et exeunt matrimonii causa, nubunt repudii? Numquid iam ullus adulterii pudor est, postquam eo ventum est, ut nulla virum habeat, nisi ut adulterum inritet? Argumentum est deformitatis pudicitia. Quam invenies tam miseram, tam sordidam, ut illi satis sit unum adulterorum par, nisi singulis divisit horas? (ben. III 16, 2f.)
Errötet etwa noch irgendeine Frau über ihre Scheidung, seit manche bekannte Dame von edler Abstammung ihre Jahre nicht mehr nach der Anzahl der Konsuln, sondern nach der ihrer Ehemänner misst und seit die Frauen das Haus verlassen, um zu heiraten, und heiraten, um sich wieder scheiden zu lassen? Gibt es etwa noch irgendeine Scham vor Ehebruch, nachdem es so weit gekommen ist, dass keine Frau mehr einen Mann hat, außer um einen Ehebrecher damit anzustacheln? Schamhaftes Verhalten

ist ein Indiz für Hässlichkeit. Welche Frau wirst du finden, die so arm, so knauserig ist, dass ihr ein Paar Ehebrecher genügt und sie nicht einzelnen Ehebrechern die Stunden zuweist?

Oh je, da scheinen wir einen wunden Punkt bei Ihnen berührt zu haben. Sie explodieren ja förmlich vor Polemik. Immerhin, Sie weisen ja selbst darauf hin: Manche Damen aus bestem Hause geben nicht gerade das beste Beispiel – Stichwort Julia.

Divus Augustus filiam ultra impudicitiae maledictum impudicam relegavit et flagitia principalis domus in publicum emisit: admissos gregatim adulteros, pererratam nocturnis comissationibus civitatem, forum ipsum ac rostra, ex quibus pater legem de adulteriis tulerat, filiae in stupra placuisse, cum ex adultera in quaestuariam versa ius omnis licentiae sub ignoto adultero peteret. (ben. VI 32, 1)

Der vergöttlichte Augustus verbannte seine Tochter, die sich über die Nachrede mangelnder Züchtigkeit hinaus unzüchtig verhielt, und ließ die Schandtaten, die sich im Kaiserpalast abspielten, öffentlich werden: Dass scharenweise Ehebrechern der Zutritt gestattet worden sei, dass sie in nächtlichen Saufzügen durch die ganze Gemeinde geirrt sei, dass die Tochter selbst das Forum und die Rednertribüne, von der aus ihr Vater das Gesetz über Ehebruch eingebracht hatte, für ihre Sexabenteuer ausgewählt habe, nachdem sie sich von einer Ehebrecherin zur Hure gewandelt und das Recht zu jeglicher Zügellosigkeit unter einem ihr unbekannten Ehebrecher verlangt habe.

Sie hätten es richtiger gefunden, wenn Augustus das alles im Interesse der öffentlichen Moral unter den Teppich gekehrt hätte?

Haec tam vindicanda principi quam tacenda, quia quarundarum rerum turpitudo etiam ad vindicantem redit, parum potens irae publicaverat. Deinde, cum interposito tempore in locum irae subisset verecundia, ingemens, quod non illa silentio pressisset, quae tam diu nescierat, donec loqui turpe esset, saepe exclamavit: „Horum mihi nihil accidisset, si aut Agrippa aut Maecenas vixissent!" (ben. VI 32, 2)

Dieses Verhalten hätte der Kaiser ebenso bestrafen wie mit Schweigen übergehen müssen, weil die Schande, die von manchen Dingen ausgeht, auch auf den Strafenden zurückfällt. Aber er hatte es, ohnmächtig vor Wut, öffentlich gemacht. Als nach einiger Zeit die Wut der Scham gewichen war, stöhnte er darüber auf, dass er diese Dinge nicht mit Schweigen unterdrückt habe, von denen er so lange nichts gewusst hatte, bis es schimpflich war, darüber zu sprechen, und oft rief er aus: „Nichts davon wäre mir passiert, wenn Agrippa oder Maecenas noch am Leben gewesen wären!"

Julia war sicherlich kein moralisches Ruhmesblatt für das Kaiserhaus und die römische High Society. Aber Ihr Rundumschlag vorhin gegen alle Frauen lässt ja wohl auch jenes Augenmaß vermissen, das Sie sonst stets einfordern. Loben Sie doch mal eine Frau! Mit welchem Verhalten hätte sie Ihre Anerkennung verdient?

Non faciem coloribus ac lenociniis polluisti, numquam tibi placuit vestis, quae nihil amplius nudaret, cum poneretur, unicum tibi ornamentum pulcherrima et nulli obnoxia aetati forma, maximum decus visa est pudicitia. (cons. Helv. 16, 4)

Du hast dein Gesicht nicht mit Schminke und anderen Verführungsmitteln verschmutzt, niemals hat dir Kleidung gefallen, die nichts mehr entblößte, wenn sie abgelegt wurde; einziger Schmuck war dir eine strahlende, keinem Alter unterworfene Schönheit: und als größte Zier erschien dir deine Züchtigkeit.

Lassen wir das einfach so stehen. Uns kommen bei Ihrem Feldzug gegen sexuelle Ausschweifungen, ehrlich gesagt, die Männer zu gut weg. Wie denkt der wahre Weise denn über die in Sachen Sexualmoral?

Miserrimos mortalium iudicet, in quantiscumque opibus refulgebunt, ventri ac libidini deditos. (ben. VII 2, 2)

Diejenigen soll er, in welch großen Schätzen sie auch funkeln mögen, für die unglücklichsten Menschen halten, die dem Bauch und dem Sex ergeben sind.

Warum ist die sinnliche Lust denn eigentlich kein Gut – obwohl sie uns doch zweifellos von der Natur gegeben ist?

Animalia venere non aeque fatigantur, virium illis maior est et aequabilior firmitas. Fruuntur voluptatibus, quas et magis capiunt et ex facili, sine ullo pudoris aut paenitentiae metu. Considera tu itaque, an id bonum vocandum sit, quo deus ab homine vincitur. (ep. 74, 15f.)

Tiere werden durch sexuelle Aktivität nicht so ermüdet, sie haben größere Kräfte und größere Ausdauer. Sie genießen die Lust, zu der sie in stärkerem Maße und mit Leichtigkeit fähig sind, ohne irgendeine Angst vor Scham oder Reue. Überlege du dir nun, ob man das ein Gut nennen darf, in dem Gott von einem Menschen übertroffen wird.

Wir ahnen es: Auch die Sexualität sollte sich der Ratio unterwerfen?

Summum bonum in animo contineamus; obsolecit, si ab optima nostri parte ad pessimam transit et transfertur ad sensus, qui agiliores sunt animalibus mutis. Non est summa felicitatis nostrae in carne ponenda; bona illa sunt vera, quae ratio dat, solida ac sempiterna, quae cadere non possunt, ne decrescere quidem ac minui. (ep. 74, 16)

Das höchste Gut wollen wir in der Seele ansiedeln. Es verliert seinen Glanz, wenn es von unserem besten Teil zum schlechtesten übergeht und auf sinnliche Genüsse übertragen wird, die bei den stummen Tieren lebhafter sind. Man darf den Gipfel des Glücks nicht ins Fleisch verlagern. *Das* sollen wahre Güter sein, die die Vernunft gibt; sie sind fest und dauerhaft, sie können nicht untergehen und nicht einmal abnehmen oder geringer werden.

Und auf diesen richtigen Weg können Frauen die Männer führen, indem sie auf weibliche Verführungskünste verzichten?

O quam multarum egregia opera in obscuro iacent! (cons. Helv. 19, 5)

Ach, wie vieler Frauen hervorragende Taten liegen im Verborgenen!

MASSEN-PANIK?
„Du irrst, wenn du den Mienen der Entgegenkommenden traust ..."

Sie betonen stets, dass der Mensch ein auf Gemeinschaft angelegtes Wesen sei, und Sie halten die Fahne der Gemeinschaft stiftenden Werte hoch. Aber zu der Masse Mensch gehen Sie auf Distanz. Warum?

Quid tibi vitandum praecipue existimem, quaeris: turbam. Ego certe confitebor imbecillitatem meam: numquam mores, quos extuli, refero. Aliquid ex eo, quod composui, turbatur, aliquid ex iis, quae fugavi, redit. Quod aegris evenit, quos longa imbecillitas usque adeo adfecit, ut nusquam sine offensa proferantur, hoc accidit nobis, quorum animi ex longo morbo reficiuntur. (ep. 7, 1)

Du fragst, was du nach meiner Meinung am meisten meiden solltest: die Masse. Ich jedenfalls gebe meine Schwäche freimütig zu: Niemals bringe ich den Charakter unbeschädigt zurück, mit dem ich mein Haus verlassen habe. Irgendetwas von dem, was ich schon geordnet hatte, wird wieder aufgewühlt, irgendeine von den Unarten, die ich schon fortgescheucht hatte, kehrt wieder zurück. Wie es Kranken ergeht, die lange Schwächung so angegriffen hat, dass sie sich ohne Rückfall nirgends nach draußen wagen, so ergeht es auch uns, deren Seele sich von langer Krankheit erholt.

Sie befürchten gewissermaßen Ansteckungsgefahr für Ihren Charakter, wenn Sie sich in große Menschenansammlungen begeben?

Inimica est multorum conversatio, nemo non aliquid nobis vitium aut commendat aut imprimit aut nescientibus adlinit. Utique quo maior est populus, cui miscemur, hoc periculi plus est. (ep. 7, 2)

Der Umgang mit vielen ist unheilvoll. Es gibt niemanden, der uns nicht irgendeine Fehlhaltung empfiehlt oder aufdrängt oder uns anhängt, ohne dass wir es merken. Je größer jedenfalls die Volksmenge ist, unter die wir uns mischen, umso mehr Gefahr lauert dort.

Was heißt das konkret?

Avarior redeo, ambitiosior, luxuriosior, immo vero crudelior et inhumanior, quia inter homines fui. (ep. 7, 3)

Ich kehre habgieriger zurück, ehrgeiziger, genusssüchtiger, ja sogar grausamer und unmenschlicher – weil ich unter Menschen war.

Die Pointe sitzt. Aber was Sie da sprachlich so hübsch zuspitzen, ist ja wohl inhaltlich nicht ganz so ernst gemeint?

Tempestas minatur, antequam surgat, crepant aedificia, antequam corruant, praenuntiat fumus incendium – subita est ex homine pernicies et eo diligentius tegitur, quo propius accedit. Erras, si istorum tibi, qui occurrunt, vultibus credis: hominum effigiem habent, animos ferarum, nisi quod illarum perniciosus est primus incursus; quos transiere, non quaerunt. (ep. 103, 2)

Sturm droht, bevor er tatsächlich losbricht, Gebäude knarren, bevor sie zusammenfallen, Rauch kündigt ein Feuer zuvor an – das Unheil aber, das von Menschen droht, kommt plötzlich und tarnt sich umso umsichtiger, je näher es kommt. Du irrst, wenn du den Mienen derer, die dir entgegenkommen, traust: Sie haben das Aussehen von Menschen, aber das Wesen wilder Tiere – außer dass deren erster Angriff Verderben bringt. An denen sie vorbeigegangen sind, die greifen sie nicht an.

Sie schockieren uns mit diesem Menschenbild. Wenn Sie so negativ über Ihre Mitmenschen – jedenfalls soweit sie Teil einer amorphen Masse sind – urteilen, dann zielt Ihre Kritik vermutlich nicht so sehr auf die Individuen als auf die unüberschaubare Zahl der „vitium-Träger". Haben Sie wirklich Sorge, sich „anzustecken", wenn Sie durch Rom schlendern?

Cum videris forum multitudine refertum et saepta concursu omnis frequentiae plena et illum circum, in quo maximam sui partem populus ostendit, hoc scito istic tantundem esse vitiorum quantum hominum. Inter istos, quos togatos vides, nulla pax est; alter in alterius exitium levi compendio ducitur; nulli nisi ex alterius iniuria quaestus est. Non alia quam in ludo gladiatorio vita est cum isdem viventium pugnantiumque. Ferarum iste conventus est, nisi quod illae inter se placidae sunt morsuque similium abstinent, hi mutua laceratione satiantur. (ira II 8, 1-3)

Wenn du das Forum von der Menschenmasse verstopft siehst und den Versammlungsplatz für Wahlen voll vom Zusammenströmen der vielen Leute und den Circus, in dem das Volk eine gewaltige Teilmenge von sich präsentiert, dann wisse, dass es dort ebenso viele Laster wie Menschen gibt. Zwischen denen, die du da in der Toga, dem Friedenskleid, siehst, herrscht kein Frieden; ein jeder lässt sich um eines kleinen Vorteils willen zum Verderben des anderen verleiten, jeder sucht seinen Lebensunterhalt, indem er den anderen übers Ohr haut. Das Leben dort spielt sich nicht anders ab als in einer Gladiatorenkaserne: Sie leben und kämpfen mit denselben Menschen. Das da ist eine Ansammlung wilder Tiere. Der einzige Unterschied besteht darin, dass die wilden Tiere untereinander friedfertig sind und auf ihre Artgenossen nicht mit Bissen losgehen, die Menschen sich dagegen an gegenseitiger Zerfleischung sättigen.

Das klingt ja fast, als ob Sie bei dem Gedanken, sich in der Masse „anzustecken", Panik erfasste. Nehmen wir an, die Masse ist so, wie Sie sie beschreiben. Warum wird sie einem zur Einhaltung ethischer Prinzipien Entschlossenen so gefährlich – zumal angesichts Ihrer massiven Warnungen, die man doch im Kopf haben kann?

> *Subducendus populo est tener animus et parum tenax recti. Facile transitur ad plures. Socrati et Catoni et Laelio excutere morem suum dissimilis multitudo potuisset; adeo nemo nostrum ferre impetum vitiorum tam magno comitatu venientium potest. Unum exemplum luxuriae aut avaritiae multum mali facit. Quid tu accidere his moribus credis, in quos publice factus est impetus?* (ep. 7, 6f.)

Man muss eine noch zarte und nicht zäh genug am Richtigen festhaltende Seele dem Einfluss der Masse entziehen: Leicht läuft man zur Mehrheit über. Selbst einem Sokrates, einem Cato, einem Laelius hätte eine so wesensfremde Menge ihren gefestigten Charakter erschüttern können; erst recht vermag niemand von uns dem Ansturm von Lastern, der in so großer Begleitung daherkommt, standzuhalten. Schon ein einziges Beispiel von Verschwendungssucht oder Habgier richtet großen Schaden an. Was, meinst du, passiert mit einem Charakter, der in aller Öffentlichkeit angegriffen wird?

Sie meinen: Er „infiziert" sich, er orientiert sich an schlechten Vorbildern?

> *Necesse est aut imiteris aut oderis. Utrumque autem devitandum est: neve similis malis fias, quia multi sunt, neve inimicus multis, quia dissimiles sunt.* (ep. 7, 8)

Es kann nicht ausbleiben, dass du sie entweder nachahmst oder hasst. Beides aber ist unbedingt zu vermeiden: Weder sollst du den Schlechten ähnlich werden, nur weil sie viele sind, noch sollst du zum Feind der Vielen werden, weil sie anders sind als du.

Und das bedeutet: geordneter Rückzug in den Kreis Gleichgesinnter?

> *Recede in te ipse, quantum potes; cum his versare, qui te meliorem facturi sunt, illos admitte, quos tu potes facere meliores. Mutuo ista fiunt, et homines, dum docent, discunt.* (ep. 7, 8)

Ziehe dich, soweit es geht, auf dich selbst zurück. Pflege Umgang mit denen, die dich besser machen, lass diejenigen in dein Haus, die du selbst besser machen kannst. Beides geschieht wechselseitig. Die Menschen lernen, indem sie lehren.

Welche Konsequenzen hat Ihre Einstellung zur Masse auf Ihre eigene Akzeptanz bei den Menschen?

Honores iniuriaeque vulgi in promiscuo habendae; nec his dolendum nec illis gaudendum. Non est, quod te gloria publicandi ingenii producat in medium, ut recitare istis velis aut disputare. Ista condenda in animum sunt, ut contemnas voluptatem ex plurium adsentione venientem. Multi te laudant: ecquid habes, cur placeas tibi, si is es, quem intellegant multi? Introrsus bona tua spectent. (const. sap. 19. 2; ep. 7, 9; 7. 12)

Ehrungen und Beleidigungen seitens der Masse darf man keinerlei Bedeutung beimessen; weder darf man über das eine betrübt sein noch sich an dem anderen freuen. Es gibt keinen Grund, warum dich Ehrgeiz, dein Talent vielen bekannt zu machen, in die Öffentlichkeit treiben sollte – dergestalt, dass du solchen Leuten deine Gedanken vortragen oder mit ihnen diskutieren wolltest. Dies solltest du stets beherzigen: Schätze den Genuss, der aus der Anerkennung der Vielen kommt, gering. Viele loben dich: Hast du Grund, mit dir zufrieden zu sein, wenn du zu denen gehörst, die von vielen verstanden werden? Deine Werte sollen sich nach innen richten.

Haben Sie keine Sorge, dass das als intellektuelle Arroganz gedeutet wird?

Philosophiam non debebis iactare; multis fuit periculis insolenter tractata et contumaciter. Tibi vitia detrahat, non aliis exprobret; licet sapere sine pompa, sine invidia. (ep. 103, 5)

Man darf sich mit der Philosophie nicht brüsten. Überheblich und rücksichtslos betrieben, ist sie schon immer mit vielen Gefahren verbunden gewesen. Sie soll *dir* die Fehler austreiben und sie nicht anderen zum Vorwurf machen. Man kann weise sein, ohne damit anzugeben und ohne sich damit den Hass der Menschen zuzuziehen.

DER PHILOSOPH IN DER GESELLSCHAFT
„Zwischen dem Beifall des Theaters und dem des Hörsaals sollte es einen Unterschied geben ..."

Auch Philosophen stehen unter Konkurrenzdruck, wenn wir es so formulieren dürfen. Der intellektuelle Markt ist ja nur begrenzt aufnahmefähig – und auf ihn drängt ein ganzer Strauß verschiedener Philosophen-Schulen. Sollte der Philosoph durch sein Äußeres Aufsehen erregen?

Illud te admoneo, ne eorum more, qui non proficere, sed conspici cupiunt, facias aliqua, quae in habitu tuo aut genere vitae notabilia sunt. (ep. 5, 1)

Davor warne ich dich, nach Art derer, die keine echten Fortschritte machen, sondern nur Beachtung finden wollen, etwas zu tun, was hinsichtlich deiner Kleidung oder deiner Lebensführung auffällig ist.

Haben Sie eine Negativliste zur Hand?

Asperum cultum et intonsum caput et neglegentiorem barbam et indictum argento odium et cubile humi positum et quicquid aliud ambitionem perversa via persequitur, evita. (ep. 5, 2)

Ungepflegte Kleidung, ungeschnittenes Haar, ein struppiger Bart, ein vor dir hergetragener Hass auf Silber, ein Nachtlager auf bloßer Erde und alles andere, das einer bestimmten Form ehrgeiziger Eitelkeit auf verkehrtem Wege folgt – das vermeide!

Eine klare Absage an den „Revoluzzer-Look" der kynischen Konkurrenz. Diogenes und Co wollen ja durch ihr „abgerissenes" Outfit provozieren – und Bedürfnislosigkeit demonstrieren. Was ist so schlimm daran?

Satis ipsum nomen philosophiae, etiamsi modeste tractatur, invidiosum est. Quid, si nos hominum consuetudini coeperimus excerpere? Intus omnia dissimilia sint, frons populo nostra conveniat. (ep. 5, 2)

Allein schon der Name „Philosophie" eckt, auch wenn man sie ganz zurückhaltend betreibt, schon ordentlich an. Was wird da erst sein, wenn wir anfangen, uns der Normalität und dem Umgang mit den Menschen zu entziehen? Innen drin mag alles ganz anders sein, unser Äußeres aber passe sich dem Volk an.

Sie haben Sorge, die Leute zu verprellen, wenn sich Intellektuelle auch äußerlich von ihnen abgrenzen?

Id agamus, ut meliorem vitam sequamur quam vulgus, non ut contrariam; alioquin quos emendari volumus, fugamus a nobis et avertimus. (ep. 5, 3)

Unser Ziel soll es sein, ein sittlich besseres Leben zu führen als die Masse, aber kein radikal entgegengesetztes. Sonst verscheuchen wir die Menschen, die wir bessern wollen, und sorgen dafür, dass sie sich von uns abwenden.

Fürchten Sie den Vorwurf elitärer Arroganz?

Hoc primum philosophia promittit: sensum communem, humanitatem et congregationem. A qua professione dissimilitudo nos separabit. Videamus, ne ista, per quae admirationem parare volumus, ridicula et odiosa sint. (ep. 5, 4)

Das Erste, das die Philosophie verspricht, ist Gemeinsinn, ist Menschenfreundlichkeit, ist Zusammengehörigkeitsgefühl. Von diesem öffentlichen Versprechen wird Andersartigkeit uns trennen. Sehen wir zu, dass das, mit dem wir Bewunderung erregen wollen, nicht lächerlich und hassenswert ist.

Entspricht es der Natur, eine makellose Toga zu tragen, adrett auszusehen und dezent nach Salben zu duften?

Nempe propositum nostrum est secundum naturam vivere. Hoc contra naturam est: torquere corpus suum et faciles odisse munditias et squalorem appetere et cibis non tantum vilibus uti, sed taetris et horridis. (ep. 5, 4)

Natürlich ist es unser Vorsatz, gemäß der Natur zu leben. Dies alles ist gegen die Natur: seinen Körper zu schinden, Basis-Hygiene abzulehnen, Ungepflegtheit geradezu anzustreben und nicht nur billige, sondern widerwärtige und ekelhafte Nahrung zu sich zu nehmen.

Alles also ganz bürgerlich normal – und ein bisschen langweilig?

Non conturbabit sapiens publicos mores nec populum in se vitae novitate convertet. Philosophia ipsa tranquille modesteque tractanda est. (ep. 14, 14 und 11)

Der Weise wird die allgemeinen Sitten nicht in Frage stellen und das Volk nicht durch eine neuartige Lebensweise gegen sich aufbringen. Die Philosophie selbst muss in Ruhe und Zurückhaltung betrieben werden.

Trifft das auch auf den öffentlichen Auftritt zu? Oder gehört nicht auch kräftiges PR-Trommeln dazu, um im Jargon des „Marktes" die philosophischen „Abnehmer" zu erreichen?

Non te prohibuerim hos quoque audire, quibus admittere populum ac disserere consuetudo est, si modo hoc proposito in turbam prodeunt, ut meliores fiant faciantque meliores, si non ambitionis hoc causa exercent. (ep. 52, 9)

Ich will dich nicht davon abhalten, die anzuhören, die üblicherweise das Volk zulassen und vor großem Publikum Vorträge halten, sofern sie in der Absicht vor die Menge treten, selbst besser zu werden und die Menschen besser zu machen, und wenn sie dieses Gewerbe nicht aus purem Ehrgeiz ausüben.

So ganz glücklich sind Sie mit dieser Form philosophischer Öffentlichkeitsarbeit aber nicht?

Quid turpius philosophia captante clamores? (ep. 52, 9)

Was ist schändlicher als eine Philosophie, die Beifallsstürme erheischt?

Sie sehen im philosophischen Vortrag vor großem Auditorium eine peinliche Anbiederung?

Quanta dementia eius est, quem clamores imperitorum hilarem ex auditorio dimittunt! Quid laetaris, quod ab hominibus his laudatus es, quos non potes ipse laudare? Intersit aliquid inter clamorem theatri et scholae; est aliqua et laudandi elegantia. (ep. 52, 11f.)

Wie groß ist der Wahnsinn dessen, den der Beifall Unwissender fröhlich aus dem Hörsaal entlässt! Was freust du dich, dass du den Beifall von Menschen erhalten hast, die du selbst nicht loben kannst? Zwischen dem Beifall des Theaters und dem des Hörsaals soll es einen Unterschied geben – es gibt auch beim Beifall guten Geschmack.

Sie fürchten den Beifall von der falschen Seite?

Relinquantur istae voces illis artibus, quae propositum habent populo placere: philosophia adoretur. (ep. 52, 13)

Solche Töne soll man den Künsten überlassen, die die Absicht haben, dem Volk zu gefallen. Die Philosophie soll angebetet werden.

Wir verstehen, was Sie meinen. Aber hat nicht auch eine Philosophie, die sich als Lebenshilfe versteht, die Verpflichtung, sich nicht nur auf den akademischen Raum zu beschränken, sondern auch das breite Publikum anzusprechen?

Damnum quidem fecisse philosophiam non erit dubium, postquam prostituta est. Sed potest in penetralibus ostendi, si modo non institorem, sed antistitem nancta est. (ep. 52, 15)

Dass die Philosophie zwar Schaden genommen hat, nachdem sie in die Öffentlichkeit gegangen ist, daran wird kein Zweifel bestehen. Aber sie kann sich in ihren heiligen Räumen darstellen, wenn sie nur nicht einen Marktschreier, sondern einen Priester gefunden hat.

GOTT UND MENSCH
„Keine Seele kann gut sein ohne Gott ..."

Sprechen wir über Gott. Wie definieren Sie ihn?

Quid est deus? Mens universi. Quid est deus? Quod vides totum et quod non vides totum. Sic demum magnitudo illi redditur, qua nihil maius cogitari potest, si solus est omnia, si opus suum et intra et extra tenet. (NQ I pr. 13)

Was ist Gott? Die Vernunft des Universums. Was ist Gott? Alles, was du siehst, und alles, was du nicht siehst. Erst dann wird ihm seine Größe – nichts Größeres vermag sich unsere Einbildungskraft vorzustellen – zugestanden, wenn er allein alles verkörpert, wenn er sein Werk von innen wie von außen umfasst.

Stört es Sie, wenn man Gott oder das Göttliche oder, wie Sie sagen, „die Vernunft des Universums" mit Jupiter als oberstem Gott des griechisch-römischen Pantheons identifiziert? Darüber haben sich ja schon viele Philosophen vor Ihnen Gedanken gemacht.

Ne hoc quidem crediderunt Iovem, mittere manu sua fulmina, sed eundem quem nos Iovem intellegunt: rectorem custodemque universi, animum ac spiritum mundi, operis huius dominum et artificem, cui nomen omne convenit. Vis illum fatum vocare, non errabis. Hic est, ex quo suspensa sunt omnia, causa causarum. Vis illum providentiam dicere, recte dices; est enim, cuius consilio huic mundo providetur. Vis illum naturam vocare, non peccabis; hic est, ex quo nata sunt omnia, cuius spiritu vivimus. Vis illum vocare mundum, non falleris; ipse enim est hoc, quod vides totum, partibus suis inditus, et se sustinens et sua. (NQ II 45, 1ff.)

Sie haben ja auch nicht geglaubt, dass Jupiter mit eigener Hand Blitze schleudere, sondern hatten von ihm die gleiche Vorstellung wie wir: Er ist der Lenker und Hüter des Universums, die Seele und der Geist der Welt, der Meister und Künstler dieser Schöpfung, zu dem jeder Name passt. Willst du ihn Schicksal nennen, dann wirst du dich nicht irren: Er ist es, von dem alles abhängt, die Ursache aller Ursachen. Willst du ihn als Vorsehung bezeichnen, so wirst du ihn zutreffend so nennen: Er ist es nämlich, durch dessen Ratschluss für diese ganze Welt Vorsorge getroffen wird. Willst du ihn als Natur bezeichnen, so wirst du auch damit recht haben: Er ist es, von dem alles geschaffen wurde, durch dessen Atem wir leben. Willst du ihn Weltall nennen, so wirst du nicht in die Irre gehen: Er selbst ist nämlich das alles, was du siehst, in allen seinen Teilen präsent, sich selbst und seine Schöpfung erhaltend.

Wie soll der Mensch Gott – beziehungsweise den Göttern als „Teilerscheinungen" des Göttlichen – begegnen? Die traditionelle Religion kennt ja feste Rituale eines Gottes-Dienstes.

Quomodo sint di colendi, solet praecipi. Vetemus salutationibus matutinis fungi et foribus adsidere templorum: humana ambitio istis officiis capitur, deum colit, qui novit. Vetemus lintea et strigiles Iovi ferre et speculum tenere Iunoni: non quaerit ministros deus. Quidni? Ipse humano generi ministrat, ubique et omnibus praesto est. (ep. 95, 47)

Wie man die Götter verehren soll, dafür gibt es gewöhnlich Vorschriften. *Wir* wollen morgendliche Besuche bei den Göttern und das Sitzen an Tempeltüren lieber verbieten: Pflichtübungen schmeicheln menschlichem Ehrgeiz; den Gott verehrt, wer ihn kennt. *Wir* wollen davon Abstand nehmen, Jupiter Leinengewänder und Striegel darzubringen und der Juno den Spiegel zu halten; Gott braucht keine Diener. Warum sollte er auch? Er selbst dient dem Menschengeschlecht, ist überall und für alle gegenwärtig.

Sie äußern sich jetzt skeptisch zu traditionellen Formen der Götterverehrung. Könnten Sie auch positiv formulieren, wie der Mensch den Göttern entgegentreten sollte?

Primus est deorum cultus deos credere, deinde reddere illis maiestatem suam, reddere bonitatem, sine qua nulla maiestas est, scire illos esse, qui praesident mundo, qui universa vi sua temperant, qui humani generis tutelam gerunt. Vis deos propitiare? Bonus esto! Satis illos coluit, quisquis imitatus est. (ep. 95, 50)

Die wichtigste Verehrung der Götter ist es, an die Götter zu glauben, dann ihre Erhabenheit anzuerkennen und ihr Gutsein, ohne das es keine Erhabenheit geben kann, ferner zu wissen, dass sie es sind, die die Welt lenken, die alles mit ihrer Kraft ordnen, die sich um den Schutz des Menschengeschlechts kümmern. Willst du die Götter gnädig stimmen? Dann sei gut! Jeder, der ihnen nacheifert, ehrt sie genug.

Sie hatten vorhin darauf hingewiesen, dass die Götter jederzeit für alle da seien. Wie ist das zu verstehen?

Quae causa est dis bene faciendi? Natura. Errat, si quis illos putat nocere nolle – non possunt! Nec accipere iniuriam queunt nec facere; laedere etenim laedique coniunctum est. (ep. 95, 49)

Welche Veranlassung haben die Götter, Wohltaten zu erweisen? Ihr Wesen. Es irrt, wer glaubt, sie wollten niemandem schaden – sie *können* es nicht! Sie können weder Unrecht erleiden noch tun; verletzen und verletzt werden ist ja eng miteinander verbunden.

Wenn das so ist, stellt sich eindringlich die Frage der Theodizee: Wieso lassen die Götter zu, dass so viel Unrecht und Schlechtes in der Welt ist?

> *In maiorem me quaestionem vocas, cui suus dies, suus locus dandus est.* (NQ II 46)

Damit sprichst du ein ziemlich kompliziertes Problem an, dem man zu gegebener Zeit und an anderem Ort nachgehen muss.

Verzeihen Sie, dass wir trotzdem insistieren. Die Frage muss erlaubt sein, warum Gott auch die, die sich gut im Sinne der Nachahmung der Götter verhalten, mit Mühsal, Unglück und Ungerechtigkeit heimsucht.

> *Quia in castris quoque periculosa fortissimis imperantur. Item dicant quicumque iubentur pati timidis ignavisque flebilia: „Digni visi sumus deo, in quibus experiretur, quantum humana natura posset pati. "* (prov. 4, 8)

Weil auch im Militärlager die gefährlichsten Aufträge den tapfersten Soldaten befohlen werden. In gleicher Weise sollen die, denen befohlen wird, Leiden zu ertragen, die Ängstlichen und Feigen Weinen verursachen, sagen: „Wir sind Gott würdig erschienen, an uns zu erproben, wie viel die menschliche Natur auszuhalten vermag."

Ein Leidenstraining für Gottes Lieblinge, wenn wir es etwas spöttisch formulieren dürfen?

> *Hos deus, quos probat, quos amat, indurat, recognoscit, exercet.* (prov. 4, 7)

Wen Gott für gut befindet, wen er liebt, den härtet er ab, den prüft er, den bildet er aus.

Lassen wir das so stehen! Sie sprachen gerade von der menschlichen Natur. Hat sie in irgendeiner Hinsicht Anteil am Göttlichen?

> *Quid interest inter naturam dei et nostram? Nostri melior pars animus est; in illo nulla pars extra animum est. Quem in hoc mundo locum deus obtinet, hunc in homine animus.* (NQ I pr. 14; ep. 65, 24)

Worin besteht der Unterschied zwischen der Natur Gottes und unserer Natur? Der bessere Teil von uns ist die Seele; bei Gott gibt es keinen anderen Teil als die Seele. Der Platz, den Gott in dieser Welt einnimmt, den nimmt beim Menschen die Seele ein.

Und diese gottgegebene Seele befähigt uns in gewisser Weise zur Gleichheit mit Gott?

Totum hoc, quo continemur, et unum est et deus; et socii sumus eius et membra. Capax est noster animus, perfertur illo, si vitia non deprimant. Quemadmodum corporum nostrorum habitus erigitur et spectat in caelum, ita animus, cui in quantum vult licet porrigi, in hoc a natura rerum formatus est, ut paria dis vellet. Et si utatur suis viribus ac se in spatium suum extendat, non aliena via ad summa nititur. (ep. 92, 30)

Das gesamte Weltall, das uns umschließt, ist das Eine oder der Gott in uns. Wir sind sowohl seine Gefährten als auch seine Glieder. Unsere Seele hat diese Fähigkeit, sie gelangt dorthin in die Höhe, wenn charakterliche Fehlhaltungen sie nicht niederdrücken. So wie der Bau unserer Körper nach oben strebt und zum Himmel schaut, so ist es auch unserer Seele erlaubt, sich so weit zu erstrecken, wie sie will. Sie ist von der Natur so gestaltet, dass sie Göttergleiches erreichen will. Wenn sie ihre Kräfte nutzt und sich so weit ausdehnt, wie es der ihr gewährte große Raum ermöglicht, strebt sie auf ihrem eigenen Weg dem Gipfel entgegen.

Welche Rolle spielt die Philosophie dabei?

Miraris hominem ad deos ire? Deus ad homines venit, immo, quod est propius, in homines venit: nulla sine deo mens bona est. Quis dubitare potest, quin deorum immortalium munus sit, quod vivimus, philosophiae, quod bene vivimus? Itaque tanto plus huic nos debere quam dis, quanto maius beneficium est bona vita quam vita, pro certo haberetur, nisi ipsam philosophiam di tribuissent: cuius scientiam nulli dederunt, facultatem omnibus. (ep. 73, 16; 90, 1)

Du wunderst dich, dass der Mensch zu den Göttern gelangt? Gott kommt selbst zu den Menschen, ja, was noch größere Nähe schafft, er kommt in die Menschen: Keine Seele kann gut sein ohne Gott. Wer kann daran zweifeln, dass es das Geschenk der unsterblichen Götter ist, dass wir leben, das Geschenk aber der Philosophie, dass wir sittlich gut leben? Deshalb verdanken wir ihr umso mehr als den Göttern, als das sittlich gute Leben ein größeres Geschenk ist als das Leben an sich. Das wäre sicher, wenn die Götter uns nicht gerade die Philosophie zugeteilt hätten. Deren Kenntnis haben sie niemandem gegeben, die Fähigkeit zur Philosophie aber allen.

Könnte man die Philosophie demnach als einen Kommunikationsstrang zwischen Gott und Mensch bezeichnen?

Haec adhortabitur, ut deo libenter pareamus, ut fortunae contumaci-
ter; haec docebit, ut deum sequaris, feras casum. (ep. 16, 5)

Sie wird uns ermahnen, Gott gern zu gehorchen und dem Schicksal die Stirn zu bieten; sie wird uns lehren, Gott zu folgen und den Zufall zu ertragen.

FRAGWÜRDIGE WEIN-SELIGKEIT
„Der Rausch verursacht keine Charakterschwäche,
er bringt sie ans Licht ...“

Sie leben in einer Gesellschaft, in der die Zivilisationsdroge Wein gleichsam zum guten Ton gehört. Sie wird von Dichtern gerühmt, und selbst
Kinder führt man schon behutsam an den Weingenuss heran. Sie zeigen in
Ihren Schriften den Weg zur Weisheit auf. Weisheit und Wein – geht das
nach Ihrer Meinung zusammen?

*Satius est aperte accusare ebrietatem et vitia eius exponere, quae
etiam tolerabilis homo vitaverit, nedum perfectus ac sapiens. Cui satis est sitim extinguere. Qui etiam si quando hortata est hilaritas aliena causa producta longius, tamen citra ebrietatem resistit.* (ep. 83, 17)

Es ist richtiger, sich offen gegen die Trunkenheit auszusprechen und ihre
Laster darzulegen, die ja sogar der Durchschnittsmensch meidet, von
einem sittlich vollkommenen und weisen Menschen gar nicht zu reden.
Dem reicht es aus, den Durst zu löschen. Er macht, auch wenn mal eine
fröhliche, aus anderem Grunde länger ausgedehnte Runde dazu verlockt,
trotzdem vor der Schwelle zum Betrunkensein Schluss.

Man munkelt aber, dass auch, wenn wir so sagen dürfen, die stoische Ikone
Cato, die Sie ja bei vielen Gelegenheiten als Leitbild propagieren, nicht selten ziemlich tief ins Glas geschaut habe.

*Aspice M. Catonem sacro illi pectori purissimas manus admoventem
et vulnera parum alte demissa laxantem! Cum aliquis tormenta fortiter patitur, omnibus virtutibus utitur.* (ep. 67, 13 und 10)

Sieh, wie Marcus Cato seine reinen, unbefleckten Hände an seine heilige
Brust legt und die Wunde, die noch nicht tief genug ist, weiter aufreißt!
Wenn jemand solche Folter tapfer erträgt, dann ist er im Besitz der sittli-
chen Vollkommenheit.

Wir haben von Ihnen, mit Verlaub, schon präzisere Antworten erhalten.
Selbst Cicero berichtet ja von Catos nächtlichen Zwiesprachen mit Philosophen *und* Wein.

*Marcum Catonem utrumque et Laelium Sapientem et Socraten cum
Platone et Zenonem Cleathenque in animum meum sine dignatione
summa recipiam? Ego vero illos veneror et tantis nominibus semper
adsurgo.* (ep. 64, 10)

Soll ich einen Marcus Cato, den Älteren wie den Jüngeren, einen Mann wie den weisen Laelius, einen Sokrates zusammen mit Platon, einen Zenon und einen Kleanthes nicht mit höchster Verehrung in meine Seele aufnehmen? Nein, diese Männer verehre ich, und ich erhebe mich stets vor solch großen Namen.

Wer auf Granit beißt, sollte anderswo weitermachen. Also zurück zur Trunksucht. Ihr Schulgründer Zenon lehnt übermäßigen Alkoholgenuss mit folgender Gleichung ab: Einem Betrunkenen vertraut niemand ein Geheimnis an, einem sittlich Guten dagegen schon. Also darf ein sittlich guter Mensch nicht betrunken sein. Einverstanden?

Quemadmodum opposita interrogatione simili derideatur, attende: Dormienti nemo secretum sermonem committit, viro autem bono committit; vir bonus ergo non dormit. (ep. 83, 9)

Hör zu, wie man ihn mit einer ähnlichen Schlussfolgerung lächerlich machen kann: Einem Schlafenden vertraut niemand ein Geheimnis an, einem sittlich Guten aber schon. Also schläft der sittlich Gute nicht.

Eine bemerkenswerte Distanzierung! Für Sie ist der Alkoholiker also nicht per se ein Sicherheitsrisiko in Sachen Vertraulichkeit, auch im Suff niemand sozusagen mit eingebauter Plaudergarantie?

Falsum est ei, qui soleat ebrius fieri, non committi sermonem secretum. Cogita enim, quam multis militibus non semper sobriis et imperator et tribunus et centurio tacenda mandaverint. De illa C. Caesaris caede tam creditum est Tillio Cimbrio quam C. Cassio. Cassius tota vita aquam bibit, Tillius Cimber et nimius erat in vino et scordalus. In hanc rem iocatus est ipse: „Ego", inquit, „quemquam feram, qui vinum ferre non possum?" (ep. 83, 12)

Es ist falsch, dass man einem, der gewohnheitsmäßig trinkt, kein Geheimnis anvertrauen dürfte. Denk doch daran, wie vielen nicht immer nüchternen Soldaten Feldherren, Offiziere und Unteroffiziere Geheimzuhaltendes anvertraut haben! Beim Attentat damals auf Gaius Caesar war Tillius Cimber ebenso eingeweiht wie Gaius Cassius. Cassius hat sein ganzes Leben lang Wasser getrunken, Tillius Cimber dagegen war ein notorischer Säufer und ein Streithammel obendrein. Zu der ganzen Angelegenheit hat er sich mal selbstironisch so geäußert: „Ich soll irgendjemand als Herrn ertragen, der ich nicht einmal den Wein vertrage?"

Mit dem Argument zu geringer Diskretion ist also kein Stich gegen die Trunksucht zu machen. Wir haben Sie vorhin aber nicht so verstanden, dass

Sie übermäßigen Weingenuss richtig fänden. Wie kann man einem Gefährdeten klarmachen, dass Alkohol keine „Lösung" ist?

Dic, quam turpe sit plus sibi ingerere quam capiat et stomachi sui non nosse mensuram, quam multa ebrii faciant, quibus sobrii erubescant, nihil aliud esse ebrietatem quam voluntariam insaniam. Extende in plures dies illum ebrii habitum: numquid de furore dubitabis? (ep. 83, 18)

Sag ihm einfach, wie abstoßend es ist, mehr in sich hineinzuschütten, als er vertragen kann, und das Fassungsvermögen seines Magens nicht zu kennen, wie viele Dinge die Leute im Suff tun, deren sie sich in nüchternem Zustand schämen, und dass Betrunkensein nichts anderes ist als freiwilliger Wahnsinn. Stell dir das Verhalten eines Betrunkenen auf mehrere Tage ausgedehnt vor: Wirst du irgendeinen Zweifel hegen, dass da einer wahnsinnig ist?

Als potenziell gefährlich gilt die rauschtypische Enthemmung.

Omne vitium ebrietas et incendit et detegit, obstantem malis conatibus verecundiam removet. Plures enim pudore peccandi quam bona voluntate prohibitis abstinent. (ep. 83, 19)

Trunkenheit macht jede charakterliche Schwäche akut und deckt sie gleichzeitig auf; sie nimmt uns die natürliche Scheu, die üblen Taten entgegensteht. Es lassen sich ja mehr Menschen aus Scham, sich etwas zuschulden kommen zu lassen, von Verbotenem abhalten als von gutem Willen.

Sie unterstützen also die Enthemmungs-These? Ist der Wein böse oder sind wir es?

Ubi possedit animum nimia vis vini, quicquid mali latebat, emergit. Non facit ebrietas vitia, sed protrahit. (ep. 83, 20)

Sobald die Allgewalt des Weines von uns Besitz genommen hat, kommt jede Charakterschwäche zum Vorschein, die vorher verborgen war. Der Rausch verursacht keine Charakterschwächen, sondern er bringt sie ans Licht.

Was sagen Sie jugendlichen Komasäufern und älteren Kampftrinkern?

Quae gloria est capere multum? Cum penes te palma fuerit et propinationes tuas strati somno ac vomitantes recusaverint, cum superstes toti convivio fueris, cum omnes viceris virtute magnifica et nemo vini tam capax fuerit, vinceris a dolio. (ep. 83, 24)

Was ist das für ein Ruhm, viel zu vertragen? Wenn du die Siegespalme in Händen hältst und deine Saufkumpane, im Schlaf hingestreckt und kotzend, auf dein Zuprosten nicht mehr reagieren, wenn du allein vom ganzen Gelage übrig bist, wenn du alle mit großartiger Leistungsfähigkeit unter den Tisch getrunken hast und keiner so viel Wein in sich hineinkippen konnte wie du – dann wirst *du* besiegt, und zwar vom Weinfass.

Hat es Sinn, Menschen durch Vorhaltungen oder „fiese Sprüche" von der Sauferei abzuhalten?

> *Deformitatem rei et importunitatem ostende rebus, non verbis! Adice illam ignorationem sui, dubia et parum explanata verba, incertos oculos, gradum errantem, vertiginem capitis, stomachi tormenta, cum effervescit merum ac viscera ipsa distendit.* (ep. 83, 27 und 21)

Wie scheußlich und widerlich die ganze Sache ist, zeige ihnen an Tatsachen auf, nicht mit Worten! Nimm die erhebliche Trübung des Bewusstseins hinzu, die lallende, unartikulierte Sprache, die stieren Blicke, den schwankenden Gang, den Schwindel und die Qualen des überladenen Magens, wenn der Wein aufschäumt und selbst die Eingeweide auseinanderzieht!

Ihr Wort in Bacchus' Ohr! Sie setzen kompromisslos auf Vernunft. Hoffentlich wirkt's!

> *Quod facillimum est, proba istas, quae voluptates vocantur, ubi transcenderint modum, poenas esse.* (ep. 83, 27)

Überhaupt kein Problem! Mach ihnen einfach klar, dass alles, was unter der Bezeichnung Genuss läuft, sobald es ein bestimmtes Maß überschreitet, zur Strafe wird.

PHYSIK STUDIEREN!
„Es macht Freude, inmitten der Gestirne selbst
zu wandeln …"

Man weiß von Ihnen, dass Sie auf die Geschichtsschreibung nicht besonders
gut zu sprechen sind – was uns als Angehörigen dieser Profession schon ein
bisschen wehtut. Was haben Sie gegen Historiker?

*Consumpsere se quidam, dum acta regum externorum componunt
quaeque passi invicem ausique sunt populi. Quanto satius est sua
mala extinguere quam aliena posteris tradere! Quanto potius deorum
opera celebrare quam Philippi aut Alexandri latrocinia ceterorumque,
qui exitio gentium clari non minores fuere pestes mortalium quam
inundatio, qua planum omne perfusum est, quam conflagratio, qua
magna pars animantium exaruit?* (NQ III pr. 5)

Manche haben sich damit aufgerieben, die Taten fremder Potentaten und
all das darzustellen, was die Völker erlitten und sich gegenseitig zugefügt
haben. Um wie viel besser ist es, seine eigenen Übel auszulöschen, als
fremde der Nachwelt zu überliefern! Um wie viel besser ist es, die Werke
der Götter zu rühmen als die Raubzüge eines Philipp oder eines Alexander
und anderer, die ihren Ruhm auf Völkermord gegründet haben und die
keine geringeren Seuchen für die Menschen gewesen sind als eine Über-
schwemmung, die alles ebene Land überflutet, oder als eine Brandkata-
strophe, die einen großen Teil der Lebewesen dahinrafft!

Es gibt, das werden Sie einräumen, auch andere Themen und Felder, die die
Geschichtsschreibung behandelt. Aber bleiben wir bei den von Ihnen ange-
führten Beispielen. Lehrt da die Beschäftigung mit der Vergangenheit nicht
auch, dass selbst große Machtgebilde dem launischen Schicksal unterworfen
sind, dessen Unbeständigkeit wir Menschen uns doch Ihrer Meinung nach
immer wieder klarmachen sollen?

*Regna ex infimo coorta supra imperantes constiterunt, vetera imperia
in ipso flore ceciderunt. Iniri non potest numerus, quam multa ab aliis
fracta sint. Magna ista, quia parvi sumus, credimus; multis rebus non
ex natura, sed ex humilitate nostra magnitudo est.* (NQ III pr. 9f.)

Dynastien von ganz unbedeutender Herkunft haben sich über ihre einsti-
gen Herren erhoben, alte Reiche sind mitten in ihrer Blütezeit zusammen-
gebrochen. Unmöglich, die Zahl derer zu ermitteln, die von anderen in
ihrer Macht gebrochen worden sind! Wir halten solche Herrschaftsgebilde
für groß, weil wir so klein sind; viele Dinge erhalten ihre Größe nicht auf-

grund ihrer natürlichen Beschaffenheit, sondern nur aus der Perspektive unserer Winzigkeit.

Eine Erkenntnis, die wir neben vielem anderem Erhellendem der Philosophie verdanken?

Lucescere, si velimus, potest. Uno autem modo potest, si quis hanc humanorum divinorumque notitiam scientia acceperit, si illa se non perfuderit, sed infecerit, si quaesierit, quae sint bona, quae mala. Nec intra haec humani ingenii sagacitas sistitur; prospicere et ultra mundum libet, quo feratur, unde surrexerit, in quem exitum tanta rerum velocitas properet. (ep. 110, 8)

Wenn wir wollen, kann es hell werden. Das ist aber nur auf eine einzige Weise möglich: Wenn jemand diese Kenntnis der menschlichen und göttlichen Dinge durch wissenschaftliches Fragen erfasst hat, wenn er sich mit der Wissenschaft nicht nur übergossen, sondern wenn er sie in sich aufgenommen hat, wenn er erforscht hat, was gut und was schlecht ist. Der Scharfsinn des menschlichen Verstandes macht nicht in diesem Rahmen halt. Er will sogar über die Welt hinaus blicken, wohin ihr Lauf führt, von wo sie kommt und zu welchem Ausgang die Dinge mit so großer Schnelligkeit streben.

Sie sprechen von der Erforschung der Natur, der Physik im ursprünglichen Sinne. Heute will jeder immer wissen, was das eine oder andere ihm „bringt". Also fragen wir Sie in modischer Diktion: Was bringt mir das?

Quo nullum maius est: nosse naturam. Neque enim quicquam habet in se huius materiae tractatio pulchrius, cum multa habeat futura usui, quam quod hominem magnificentia sui detinet nec mercede, sed miraculo colitur. (NQ VI 4, 2)

Das Größte überhaupt: die Kenntnis der Natur. Denn das Studium dieses Themas hat, obgleich es auch viele praktische Vorteile für die Zukunft in sich birgt, nichts Schöneres, als dass es den Menschen durch seine Großartigkeit in Beschlag nimmt und es nicht um des materiellen Gewinns wegen, sondern um des Staunens und Bewunderns willen betrieben wird.

Ist die Physik wichtiger als die Ethik?

Quantum inter philosophiam interest et ceteras artes, tantum interesse existimo in ipsa philosophia inter illam partem, quae ad homines, et hanc, quae ad deos pertinet. Altera docet, quid in terris agendum sit, altera, quid agatur in caelo. Altera errores nostros discutit et lumen admovet, quo discernantur ambigua vitae; altera multum supra hanc, in qua volutamur, caliginem excedit et e tenebris ereptos perducit illo, unde lucet. (NQ I pr. 1f.)

So groß, wie der Unterschied zwischen der Philosophie und den anderen Wissenschaften ist, so groß ist der Abstand, meine ich, innerhalb der Philosophie selbst zwischen dem Teil, der sich auf die Menschen bezieht, und dem anderen, der sich mit den Göttern beschäftigt. Der eine lehrt uns, wie wir uns auf der Erde zu verhalten haben, der andere, was im Himmel geschieht. Der eine widerlegt und vertreibt unsere Irrtümer und bringt Licht, mit dessen Hilfe sich die Ungewissheiten des Lebens voneinander trennen lassen, der andere ragt weit über die Dunkelheit, in der wir uns herumwälzen, hinaus, entreißt uns der Finsternis und führt uns dorthin, woher das Licht kommt.

Kann man sagen: Dieser physikalische Forscherdrang weitet unser Bewusstsein?

Equidem tunc rerum naturae gratias ago, cum illam non ab hac parte video, qua publica est, sed cum secretiora eius intravi, cum disco, quae universi materia sit, quis auctor aut custos, quid sit deus, totus in se tendat an et ad nos aliquando respiciat, faciat cotidie aliquid an semel fecerit, pars mundi sit an mundus. (NQ I pr. 3)

Ich danke besonders dann der Natur, wenn ich sie nicht nur von der Seite aus sehe, auf der sie jedermann zugänglich ist, sondern wenn ich in die Welt ihrer Geheimnisse eingetreten bin, wenn ich lerne, worin der Stoff der Welt besteht, wer ihr Schöpfer oder Hüter ist, was Gott ist, ob er sich ganz auf sich selbst konzentriert oder manchmal auch zu uns schaut, ob er täglich wirkend eingreift oder nur ein einziges Mal gewirkt hat, ob er Teil des Weltalls ist oder das Weltall selbst.

Für Sie ist ebendieses Fragen Ausdruck und Verpflichtung der menschlichen Ratio?

O quam contempta res est homo, nisi supra humana surrexerit! Nisi ad haec admitterer, non tanti fuerat nasci. Quid enim erat, cur in numero viventium me positum esse gauderem? An ut cibos et potiones percolarem? Ut hoc corpus causarium ac fluidum periturumque nisi subinde impletur, farcirem et viverem aegri minister? Ut mortem timerem, cur uni nascimur? (NQ I pr. 5 und 4)

Ach, was für eine verachtenswerte Sache ist der Mensch, der sich über die menschlichen Dinge nicht erhebt! Wenn ich nicht zur Schau dieser Dinge zugelassen würde, wäre es der Mühe nicht wert gewesen, geboren zu werden. Denn warum sollte ich mich dann darüber freuen, zur Zahl der Lebenden gerechnet zu werden? Etwa deshalb, um Speisen und Getränke durch mich hindurchsickern zu lassen? Etwa deshalb, um diesen kränklichen, hinfälligen Körper, der zugrunde geht, wenn er nicht von Zeit zu Zeit aufgefüllt wird, vollzustopfen und als mein eigener Krankendiener zu vegetieren? Etwa deshalb, um den Tod zu fürchten, für den allein wir geboren werden?

Die Voraussetzung für diesen Höhenflug des Menschen ist aber schon ein sittlich gutes Leben? Oder haben wir Sie da falsch verstanden?

Tunc consummatum habet plenumque bonum sortis humanae, cum calcato omni malo petit altum et in interiorem naturae sinum venit. Tunc iuvat inter ipsa sidera vagantem divitum pavimenta ridere et totam cum auro suo terram. (NQ I pr. 7)

Dann ist er im Besitz des vollkommenen und ungeschmälerten Gutes unserer menschlichen Möglichkeiten, wenn er jedes Übel zertrampelt hat, in die Höhe strebt und in den inneren Schoß der Natur gelangt. Dann macht es Freude, inmitten der Gestirne selbst zu wandeln, über die Mosaikfußböden der Reichen zu lachen und über die ganze Erde mit all ihrem Gold.

Aus dieser sublimen Perspektive stellen sich die Dinge anders dar?

O quam ridiculi sunt mortalium termini! Ultra Istrum Dacos nostrum arceat imperium, Rhenus Germaniae modum faciat. Si quis formicis det intellectum hominis, nonne et illae unam aream in multas provincias dividant? Punctum est istud, in quo navigatis, in quo bellatis, in quo regna disponitis minima, etiam cum illis utrimque Oceanus occurrit. Sursum ingentia spatia sunt, in quorum possessionem animus admittitur. Cum illa tetigit, alitur, crescit ac velut vinculis liberatus in originem redit. Illic demum discit, quod diu quaesiit; illic incipit deum nosse. (NQ I pr. 9-13)

Ach, wie lächerlich sind die Grenzen, die die Menschen ziehen! Jenseits der Donau soll unser Reich die Daker abwehren, der Rhein soll den Germanen ihre Grenze aufzeigen. Angenommen, jemand gibt Ameisen den Verstand der Menschen – werden nicht auch sie die eine Fläche in viele Provinzen aufteilen? Es ist nur ein Punkt, auf dem ihr zur See fahrt, auf dem ihr Krieg führt, auf dem ihr einzelne Königreiche absteckt, Mini-Reiche, auch wenn sie auf beiden Seiten der Ozean begrenzt. Darüber sind ungeheuer weite Räume; sie in Besitz zu nehmen, erhält die Seele die

Erlaubnis. Wenn sie diese Räume berührt, erhält sie Nahrung, wächst sie und kehrt, wie von Fesseln befreit, zu ihrem Ursprung zurück. Dort erfährt sie schließlich, wonach sie lange gesucht hat; dort beginnt sie Gott zu erkennen.

Und das alles dank der Physik! Wir sind beeindruckt. Trotzdem: Glauben Sie, dass Sie bei der Erforschung der Phänomene der Natur schon ziemlich am Ende der Erkenntnis angelangt sind?

Veniet tempus, quo ista, quae nunc latent, in lucem dies extrahat et longioris aevi diligentia. Ad inquisitionem tantorum aetas una non sufficit. Itaque per successiones ista longas explicabuntur. Veniet tempus, quo posteri nostri tam aperta nos nescisse mirentur. (NQ VII 25, 4f.)

Es wird die Zeit kommen, da bringt der helle Tag all das ans Licht, was jetzt noch verborgen ist – und die gewissenhafte Forschung eines längeren Zeitraums. Um so Bedeutendes zu erforschen, reicht ein Leben nicht aus. Deshalb werden die offenen Fragen in der langen Folge vieler Generationen gelöst werden. Es wird die Zeit kommen, da werden sich unsere Nachfahren darüber wundern, dass wir so Offenkundiges nicht gewusst haben.

DEM WUTBÜRGER INS STAMMBUCH
„Die Vernunft räumt beiden Seiten Zeit ein,
die Wut dagegen drängt zur Eile ...“

Vorweg vielleicht ein Bekenntnis: Wir können ein gewisses Verständnis für den Wutbürger nicht verhehlen. Aber wir möchten Ihnen Gelegenheit geben, Ihre massiven Bedenken gegen den Affekt „Wut“ geltend zu machen. In Ihren Abhandlungen *de ira* – „Zorn“ ist ein zu schwacher Begriff dafür – setzen Sie sich ja auch kritisch mit Philosophen wie Aristoteles auseinander, die die Wut als verständliches und legitimes menschliches Gefühl „verteidigen“. Was ist so Schlimmes an der Wut?

> *Affectum maxime ex omnibus taetrum ac rabidum! Ceteris enim aliquid quieti placidique inest, hic totus concitatus et in impetu est doloris, minime humana furens cupiditate, dum alteri noceat sui neglegens, in ipsa irruens tela et ultionis secum ultorem tracturae avidus.* (ira I 1, 1)

Von allen der mit Abstand scheußlichste und zur Raserei neigende Affekt! Die übrigen Affekte haben ja noch etwas Ruhiges und Friedfertiges. Dieser aber ist ganz und gar aufgepeitscht und steht unter dem Angriff des Schmerzes, rasend vor Begierde, die gar nichts Menschliches mehr hat. Indem er dem anderen schaden will, vergisst er sich selbst, läuft voll ins Messer und ist versessen auf eine Rache, die den Rächer mit ins Verderben reißt.

Vielleicht ist unter diesen Umständen der „Wutbürger“ keine ganz so passende Bezeichnung. Aber bleiben wir dabei. Ist man nicht mit ordentlich „Wut im Bauch“ kämpferischer und durchsetzungsfähiger?

> *Isto modo et ebrietas; facit enim protervos et audaces multique meliores ad ferrum fuere male sobrii; isto modo dic et phrenesin atque insaniam viribus necessariam, quia saepe validiores furor reddit.*
> (ira I 13, 3)

Das trifft in gleicher Weise auf Trunkenheit zu. Sie macht ja die Menschen ungestümer und draufgängerischer. Und viele, die nicht ganz nüchtern waren, haben sich als bessere Krieger erwiesen. Behaupte ruhig, dass in gleicher Weise Tobsucht und Wahnsinn für die Kräfte nötig sind, weil Raserei die Menschen oft stärker macht.

Ich habe ein berechtigtes Anliegen, ich meine, mir werde Unrecht getan, ich bin sicher, dass man mich als Bürger nicht genügend respektiert. Kein Grund, um aus der Haut zu fahren?

Officia sua vir bonus exsequetur inconfusus, intrepidus, et sic bono viro digna faciet, ut nihil viro indignum. (ira I 12, 2)

Der charakterlich gute Mensch wird seinen Pflichten nachkommen, unerschrocken, aber ohne die Fassung zu verlieren, und er wird nur Dinge tun, die sich für einen rechtschaffenen Bürger insoweit gehören, als sie eines Mannes nicht unwürdig sind.

„Unerschrocken", sagen Sie. Wehren darf man sich also schon – und sich die Leute vorknöpfen, die einem in der einen oder anderen Weise querkommen?

Corrigendus est, qui peccat admonitione et vi, et molliter et aspere, meliorque tam sibi quam aliis faciendus non sine castigatione, sed sine ira. Quis enim, cui medetur, irascitur? (ira I 15, 1)

Wer Fehler macht, muss auf den richtigen Weg gebracht werden, mit Ermahnungen und mit Gewalt, sowohl sanft als auch schroff. Er sollte in seinem eigenen Interesse ebenso wie im Interesse der anderen durchaus mit Sanktionen gebessert werden, aber ohne Wut. Denn wer ist wütend auf den, den er heilt?

Das sind deutliche Worte. Sie sprechen sich für Strafen, aber gegen Zornesausbrüche aus. Berücksichtigen Sie da die animalische Seite unseres menschlichen Wesens nicht zu wenig? Die emotionale Parallele zu den Tieren liegt doch nahe.

Errat, qui ea in exemplum hominis adducit, quibus pro ratione est impetus. Homini pro impetu ratio est. (ira II 16, 1)

Wer die zum Vergleich mit dem Menschen heranzieht, irrt. Tiere haben statt der Vernunft aggressives Ungestüm. Anstelle dieser Aggressivität hat der Mensch seine Vernunft.

Und von der sollte auch der Wutbürger im Konflikt mit der „Obrigkeit" Gebrauch machen?

Ratio utrique parti tempus dat; deinde advocationem et sibi petit, ut excutiendae veritati spatium habeat; ira festinat. Ratio id iudicare vult, quod aequum est; ira id aequum videri vult, quod iudicavit. Ratio nihil praeter ipsum, de quo agitur, spectat; ira vanis et extra causam obversantibus commovetur. (ira I 18, 1f.)

Die Vernunft räumt beiden Seiten Zeit ein. Dann holt sie Rechtsberatung auch für sich ein, damit sie Raum hat, die Wahrheit herauszubekommen. Die Wut dagegen drängt zur Eile. Die Vernunft will sich ein Urteil darüber bilden, was recht und billig ist. Die Wut dagegen will, dass für Recht gilt, worüber sie sich ihr Urteil schon gebildet hat. Die Vernunft schaut nur auf das, um das es geht; die Wut dagegen lässt sich durch Nebensächliches und nicht zur Sache Gehöriges beeinflussen.

Das hört sich schlüssig an. Aber lässt sich ein so starkes Gefühl wie Wut überhaupt regulieren? Sind wir der Emotion nicht einfach ausgeliefert?

Ira praeceptis fugatur; est enim voluntarium animi vitium. (ira II 2, 2)
Wut lässt sich durch moralische Vorsätze vertreiben; sie ist nämlich eine vom Willen zu steuernde Charakterschwäche.

Sie werden aber nicht bestreiten, dass die Wut uns gelegentlich spontan überfällt. Wozu raten Sie in dieser Situation?

Maximum remedium irae mora est. Hoc ab illa pete initio, non ut ignoscat, sed ut iudicet. Graves habet impetus primos, desinet, si ex-spectat. Nec universam illam temptaveris tollere; tota vincetur, dum partibus carpitur. (ira II 29, 1)
Das am stärksten wirkende Gegenmittel gegen Wut besteht darin, Zeit zu gewinnen. Das fordere von ihr, wenn sie ganz frisch ist: Nicht dass sie ver-zeiht, sondern dass sie sich ein Urteil bildet. Heftig ist ihre erste Aufwal-lung; sie wird nachlassen, wenn man abwartet. Und versuche nicht, ihr ganz und gar den Garaus zu machen. Sie wird dann überwunden werden, wenn sie Stück für Stück zerpflückt wird.

Nun treten die sogenannten Wutbürger in der Regel in einer „Wut-Ge-meinschaft" zu Hunderten oder gar Tausenden auf.

Saepe in iram uno agmine itum est: viri feminae, senes pueri, prin-cipes vulgusque consensere, et tota multitudo paucissimis verbis con-citata ipsum concitatorem antecessit. Ad arma protinus ignesque dis-cursum est et indicta finitimis bella aut gesta cum civibus. (ira III 2, 3)
Oft schon ist eine geschlossene Masse in Wut geraten: Männer und Frau-en, Jung und Alt, Hoch und Niedrig waren sich einig, und die ganze Menge hat sich durch ganz wenige Worte aufwiegeln lassen und ist dem Aufwieg-ler vorangeeilt. Sofort lief alles auseinander und griff zu Waffen und Feuer; man erklärte Nachbarn den Krieg oder führte ihn sogar mit Mitbürgern.

Selbst wenn es zu solchen Eskalationen von Gewalt nicht kommt, ist das ja ein bedrohliches Szenario. Wie kann man solchen kollektiven Ausbrüchen von Wut wirkungsvoll begegnen?

Necessarium est foeditatem eius ac ferocitatem coarguere et ante oculos ponere, quantum monstri sit homo in hominem furens quantoque impetu ruat nec sine pernicie sua perniciosus et ea deprimens, quae mergi nisi cum mergente non possunt. (ira III 3, 2)

Man muss überzeugend darlegen, wie scheußlich und grausam sie ist, und den Leuten vor Augen führen, was für ein Scheusal im Menschen steckt, wenn er wütend auf einen anderen Menschen losgeht, um dem anderen Verderben zu bringen, und dabei sich selbst ins Verderben stürzt. Außerdem versenkt er etwas, das nur zu versenken ist, wenn der Versenkende mit untergeht.

Sie plädieren ja durchaus dafür, nicht kleinmütig zu reagieren und sich für bürgerschaftliche Interessen starkzumachen – aber mit Augenmaß und Vernunft und ohne Zorn oder gar blinde Wut.

Nihil tibi liceat, dum irasceris. Quare? Quia vis omnia licere. (ira III 12, 7)

Nichts sei dir erlaubt, solange du wütend bist. Warum? Weil du in dem Moment willst, dass dir alles erlaubt ist.

Ihr Schlusswort an die Wutbürger und ihre Gegenspieler?

Placidiores invicem simus: mali inter malos vivimus. Una nos res facere quietos potest: mutuae facilitatis conventio. (ira III 26, 4)

Wir sollten friedlicher miteinander sein: Schlechte unter Schlechten – so leben wir. Eine einzige Sache kann uns zur Ruhe bringen: die Vereinbarung, duldsam und nachsichtig miteinander umzugehen.

STEUER DES LEBENS
„Wer nicht sterben will, hat nicht leben wollen ..."

Tod und Sterben spielen in Ihrem Denken und philosophischen Werk eine große Rolle. Ihre zentrale These heißt: Man braucht keine Angst vor dem Tod zu haben. Aber ist diese Angst dem Menschen nicht geradezu eingepflanzt?

Quid ergo huic meditandum est? Quod adversus omnia tela, quod adversus omne hostium genus bene facit: mortem contemnere. Quae quin habeat aliquid in se terribile, ut et animos nostros, quos in amorem sui natura formavit, offendat, nemo dubitat. Nec enim opus esset in id comparari et acui, in quod instinctu quodam voluntario iremus, sicut feruntur omnes ad conservationem sui. Nemo discit, ut, si necesse fuerit, aequo animo in rosa iaceat. (ep. 36, 8f.)

Was muss er also bedenken? Das, was gegen alle Geschosse, was gegen jede Art von Feinden gut tut: den Tod zu verachten. Dass der etwas Schreckenerregendes an sich hat, sodass er auch unsere Seele, die die Natur zur Eigenliebe geformt hat, angreift – das bestreitet niemand. Denn es wäre nicht nötig, sich auf etwas vorzubereiten und zu etwas anzuspornen, dem wir aufgrund eines gewissermaßen freiwilligen Triebes entgegengingen, so wie wir alle zur Selbsterhaltung gebracht werden. Keiner braucht zu lernen, falls das erforderlich sein sollte, mit Gleichmut auf Rosen gebettet zu sein.

Es bedarf demnach eines Lernprozesses, um zur Todesverachtung zu kommen?

Ante ad mortem quam ad vitam praeparandi sumus. Epicurus ait: „Egregia res est mortem condiscere." Supervacuum forsitan putas id discere, quo semel utendum est; hoc est ipsum, quare meditari debeamus: semper discendum est, quod an sciamus, experiri non possumus. „Meditare mortem!" Qui hoc dicit, meditari libertatem iubet. Qui mori didicit, servire dedidicit. (ep. 61, 4; 26, 9f.)

Wir müssen uns auf den Tod mehr vorbereiten als auf das Leben. Epikur sagt: „Es ist eine großartige Sache, den Tod zu erlernen." Vielleicht glaubst du, es sei überflüssig, etwas zu lernen, das du nur einmal anwenden musst. Aber genau das ist es, weshalb wir uns geistig damit beschäftigen müssen: Stets muss man lernen, was wir nicht ausprobieren können, ob wir es wirklich wissen. „Beschäftige dich geistig mit dem Tod!" Wer das sagt, befiehlt dir, über Freiheit nachzudenken. Wer gelernt hat zu sterben, hat verlernt, Sklave zu sein.

Sklave des Schicksals. Aber auch Sklave seiner Todesfurcht?

Quantum potes, itaque ipse te cohortare contra metum mortis. Hic est, qui nos humiles facit; hic est, qui vitam ipsam, cui parcit, inquietat ac perdit. Omnibus omissis hoc unum meditare, ne mortis nomen reformides; effice illam tibi cogitatione multa familiarem, ut, si ita tulerit, possis illi et obviam exire. (NQ VI 32, 9 und 12)

Deshalb rüste dich, so gut du kannst, selbst gegen die Todesfurcht. Sie ist es, die uns kleinmütig macht, sie ist es, die uns das Leben selbst, das sie unbedingt erhalten will, unruhig macht und verdirbt. Von allem anderen abgesehen, bedenke dies eine: Dass dir das Wort „Tod" keinen Schrecken einjagt. Mach ihn dir durch viel Nachdenken vertraut, damit du ihm, wenn es sich so fügt, sogar Auge in Auge begegnen kannst.

Die übliche Verdrängungsstrategie wäre demnach ganz falsch?

Mortem ut numquam timeas, semper cogita. (ep. 30, 18)

Damit du den Tod niemals fürchtest, denke ständig an ihn!

Sie selbst bestätigen den Selbsterhaltungstrieb des Menschen als Quelle der Todesfurcht. Gegenmittel müsste nach stoischer Auffassung die Vernunft sein.

Hoc unum (dicam): nec infantes nec pueros nec mente lapsos timere mortem et esse turpissimum, si eam securitatem nobis ratio non praestat, ad quam stultitia perducit. (ep. 36, 12)

Ich will nur dies eine sagen: Weder Kinder noch junge Menschen noch Schwachsinnige fürchten den Tod. Da wäre es doch überaus schimpflich, wenn *uns* die Vernunft nicht dieselbe Sicherheit vermitteln würde, zu der die Unvernunft diese Menschen führt.

Was ist das stärkste Argument, das uns die Vernunft im Kampf gegen die Todesfurcht mit auf den Weg gibt?

Hoc affigamus animo, hoc nobis subinde dicamus: moriendum est. Mors naturae lex est, mors tributum officiumque mortalium malorumque omnium remedium est. Vivere noluit, qui mori non vult. Vita enim cum exceptione mortis data est; ad hanc itur; quam ideo timere dementis est, quia certa exspectantur, dubia metuuntur. (NQ VI 32, 12; ep. 30, 10)

Dies sollten wir unserem Geist geradezu anheften, dies sollten wir uns immer wieder sagen: Wir müssen sterben. Der Tod ist ein Naturgesetz. Der Tod ist die Steuer, die wir Sterblichen pflichtgemäß zu entrichten haben. Er ist auch das Heilmittel gegen alle Übel. Wer nicht sterben will, hat nicht leben wollen. Das Leben ist nämlich mit der Einschränkung des Todes gegeben. Auf ihn gehen wir zu. Ihn zu fürchten ist deshalb verrückt, weil man Sicheres erwartet und nur Ungewisses fürchtet.

Todesfurcht ist demnach eine Art Befehlsverweigerung gegenüber der Natur? Aber zumindest darf man doch die Frage der Gerechtigkeit stellen: Warum stirbt der eine früh, während dem anderen ein langes Leben beschieden ist?

Utrum, obsecro te, aequius iudicas te naturae an tibi parere naturam? Quid autem interest, quam cito exeas, unde utique exeundum est? Non ut diu vivamus, curandum est, sed ut satis; nam ut diu vivas, fato opus est, ut satis, animo. Longa est vita, si plena est, impletur autem, cum animus sibi bonum suum reddidit et ad se potestatem sui transtulit. (ep. 93, 2)

Hältst du es, ich muss dich doch sehr bitten, für angemessener, dass du der Natur oder dass die Natur dir gehorcht? Was aber macht es für einen Unterschied, wie schnell du das Leben verlässt, das du ja auf jeden Fall verlassen musst? Wir sollten uns nicht darum sorgen, ein langes, sondern ein erfülltes Leben zu haben. Denn um lange zu leben, bedarf es der Gunst des Schicksals, um erfüllt zu leben, der eigenen Einstellung. Das Leben ist lang, wenn es erfüllt ist. Es erfüllt sich aber, wenn die Seele sich ihr eigenes Gut gegeben und die Verfügung über sich selbst übernommen hat.

Lässt sich die Todesfurcht des Einzelnen auch damit bekämpfen, dass kein Mensch von dieser letzten Notwendigkeit ausgenommen ist?

Hoc habet inter cetera iustitiae suae natura praecipuum, quod, cum ad exitum ventum est, omnes in aequo sumus. Mors necessitatem habet aequam et invictam. Quis queri potest in ea condicione se esse, in qua nemo non est? Prima autem pars est aequitatis aequalitas. (NQ VI 1, 8; ep. 30, 11)

Dies kann die Natur unter anderem als besonderen Beweis ihrer Gerechtigkeit vorweisen: Wenn das Ende erreicht ist, sind wir alle in der gleichen Situation. Der Tod hat die Notwendigkeit des Gleichen und Unabänderlichen. Wer kann sich darüber beklagen, in derselben Lage zu sein wie alle anderen? Der wichtigste Teil der Gerechtigkeit aber ist die Gleichheit.

Zur Todesfurcht trägt wohl auch die Ungewissheit des Zeitpunktes bei – obwohl es vielleicht eher ein Geschenk ist, dass wir ihn nicht kennen. Gleichwohl: Wie erreiche ich die von Ihnen geforderte Gelassenheit?

Stat quidem terminus nobis, ubi illum inexorabilis fatorum necessitas fixit, sed nemo scit nostrum, quam prope versetur terminum. Sic

itaque formemus animum tamquam ad extrema ventum sit. Nihil dif-
feramus, cotidie cum vita paria faciamus. Maximum vitae vitium est,
quod imperfecta semper est. Qui cotidie vitae suae summam manum
imposuit, non indiget tempore. (ep. 101, 7f.)

Es steht für uns zwar ein Grenzstein bereit, wo ihn die unerbittliche Notwendigkeit des Schicksals aufgestellt hat, aber keiner von uns weiß, wie
nah er sich an diesem Grenzstein aufhält. Wir sollten deshalb unseren
Geist so einstellen, als wären wir schon am Ende angelangt. Wir wollen
nichts aufschieben, wir wollen jeden Tag mit dem Leben abrechnen. Der
größte Fehler des Lebens besteht darin, dass es stets unvollendet ist. Wer
jeden Tag letzte Hand an sein Leben legt, braucht keine Zeit.

**Als Vorbild für einen Menschen, der dem Tod heiter entgegensieht, schwär-
men Sie geradezu von dem hochbetagten Aufidius Bassus. Warum?**

Bassus noster de morte multa loquitur et id agit sedulo, ut nobis per-
suadeat, si quid incommodi aut metus in hoc negotio est, morientis
vitium esse, non mortis; non magis in ipsa quicquam esse molestiae
quam post ipsam. „Ergo, inquit, mors adeo extra omne malum est, ut
sit extra omnem malorum metum. " (ep. 30, 5f.)

Unser Freund Bassus spricht viel vom Tod, und er tut das mit Absicht,
um uns davon zu überzeugen, dass, wenn diesem Vorgang etwas Unangenehmes oder Angstbesetztes anhaftet, das die Schuld des Sterbenden sei,
nicht die des Todes. Mit dem Tode selbst verbinde sich nicht mehr Qual als
mit dem Zustand danach. „Also", sagt er, „liegt der Tod so weit außerhalb
jeden Übels, dass er auch außerhalb jeder Angst vor Übeln liegt."

**Nehmen wir an, es ist so. Nicht wenige fürchten sich aber vor den angebli-
chen Schrecken, die sich mit der Unterwelt verbinden.**

Cogita nullis defunctum malis affici, illa, quae nobis inferos fa-
ciunt terribiles, fabulam esse, nullas imminere mortuis tenebras,
nec carcerem, nec flumina igne flagrantia, nec Oblivionem amnem,
nec tribunalia et reos et in illa libertate tam laxa ullos iterum
tyrannos. Luserunt ista poetae et vanis nos agitavere terroribus.
(cons. Marc. 19, 4)

Mach dir klar, dass der Tote von keinerlei Übeln heimgesucht wird, dass
alles, was uns die Unterwelt schrecklich macht, ein Märchen ist, dass den
Toten weder Finsternis droht noch Kerker, weder Flüsse, die von Feuer
brennen, noch der Strom des Vergessens, weder ein Richterstuhl noch
Angeklagte und bei dieser so lockeren Freiheit auf der anderen Seite ir-

gendwelche Tyrannen. All das haben Dichter spielerisch ersonnen und uns mit nichtigen Schrecken ins Bockshorn gejagt.

Am Ende noch ein aufmunterndes Seneca-Wort zum Ende?

Quomodo fabula, sic vita non quam diu, sed quam bene acta est, refert. Nihil ad rem pertinet, quo loco desinas. Quocumque voles, desine – tantum bonam clausulam impone. (ep. 77, 20)

Beim Leben ist es wie beim Theaterstück: Es spielt keine Rolle, wie lange, sondern wie gut es aufgeführt ist. Es tut nichts zur Sache, an welcher Stelle du aufhörst. Hör auf, wo immer du willst – nur sorge für einen guten Schluss!

ALEXANDER DER NICHT GANZ SO GROSSE
„Von Jugend an ein Räuber und Völkervernichter ..."

Wohl kein anderer Herrscher hat die Phantasie der Menschen so beschäftigt, hat so viele Möchtegern-Nachfolger gefunden wie der Makedonenkönig Alexander. Ihr Urteil über diesen unvergleichlichen Eroberer?

Vesanus adulescens, cui pro virtute erat felix temeritas; vesanus et qui nihil animo nisi grande conciperet. (ben. I 13, 1; II 16, 1)

Ein verrückter junger Mann, bei dem erfolgreiche Verwegenheit wahren mannhaften Mut ersetzte; ein Verrückter und einer, der nur gewaltige Pläne im Kopf hatte.

Sie diagnostizieren Größenwahn. Meinen Sie seinen Expansionsdrang oder auch sein Verhalten gegenüber Mitmenschen?

Urbem cuidam Alexander donabat. Cum ille, cui donabatur, se ipse mensus tanti muneris invidiam refugisset dicens non convenire fortunae suae: „Non quaero, inquit, quid te accipere deceat, sed quid me dare!" Animosa vox videtur et regia, cum sit stultissima. Tumidissimum animal! Si illum accipere hoc non decet, nec te dare. Habetur personarum ac dignitatium portio et, cum sit ubique virtus modus, aeque peccat, quod excedit, quam quod deficit. (ben. II 16, 1f.)

Alexander schenkte jemandem eine Stadt. Als der Beschenkte in richtiger Selbsteinschätzung vor der Missgunst, die ein solch großes Geschenk auslösen kann, zurückschreckte mit den Worten, es passe nicht zu seinen Lebensverhältnissen, erwiderte Alexander: „Ich frage nicht danach, was sich für dich anzunehmen ziemt, sondern was sich für mich zu schenken ziemt." Scheinbar eine beherzte, zu einem König passende Antwort, in Wirklichkeit aber eine sehr törichte. Du aufgeblasenes Lebewesen! Wenn es sich für den einen nicht schickt, etwas anzunehmen, dann schickt es sich für dich auch nicht, es zu schenken. Man hat Rücksicht zu nehmen auf das Verhältnis zwischen Personen und gesellschaftlichen Stellungen. Da überall die Moral das Maß ist, ist in gleicher Weise falsch, was über das Maß hinausgeht, wie das, was darunter bleibt.

modus, „Maß", und *moderatio*, „maßvolles Handeln", sind für den Stoiker wichtige ethische Kategorien, wobei man hier vielleicht angesichts der Jugend und der hohen Stellung Alexanders ein Auge zudrücken könnte. Aber Sie erkennen auch in den Welteroberungsplänen eine Neigung zur Megalomanie?

Agebat infelicem Alexandrum furor aliena vastandi et ad ignota mittebat. An tu putas sanum, qui a Graeciae primum cladibus, in qua eruditus est, incipit? Qui, quod cuique optimum est, eripit, Lacedaemona servire iubet, Athenas tacere? Non contentus tot civitatium strage, quas aut vicerat Philippus aut emerat, alias alio loco proicit et toto orbe arma circumfert; nec subsistit usquam lassa crudelitas immanium ferarum modo, quae plus, quam exigit fames, mordent. (ep. 94, 62)

Es trieb den unglückseligen Alexander ein Wahn, fremdes Eigentum zu verwüsten, und schickte ihn in unbekannte Fernen. Oder hältst du jemanden für normal, der mit der Niederwerfung Griechenlands beginnt, wo er erzogen worden ist? Der alles raubt, was jeweils das Beste ist, der Sparta befiehlt, Sklave zu sein, und Athen befiehlt zu schweigen? Nicht zufrieden mit der Unterjochung vieler Staaten, die sein Vater Philipp entweder besiegt oder durch Bestechung eingenommen hatte, unterwirft er weitere Staaten, die einen hier, die anderen dort, und trägt seine Waffen über den gesamten Erdkreis. Und seine nie ermattende Grausamkeit macht nirgendwo halt, ganz so wie bei Schrecken verbreitenden wilden Tieren, die mehr totbeißen, als ihr Hunger erfordert.

Dass Alexander eine zivilisatorische Mission im Fernen Osten verfolgt hätte, können Sie nicht erkennen?

Iam in unum regnum multa regna coniecit, iam Graeci Persaeque eundem timent, iam etiam a Dareo liberae nationes iugum accipiunt – it tamen ultra oceanum solemque, indignatur ab Herculis Liberique vestigiis victoriam flectere, ipsi naturae vim parat. Non ille ire vult, sed non potest stare. (ep. 94, 63)

Schon hat er viele Reiche zu einem einzigen zusammengeworfen, schon fürchten Griechen und Perser denselben Herrscher, schon werden auch die vom Perserkönig Dareios freien Völker unterjocht – und trotzdem geht er weiter, über Meer und Sonne hinaus, empört sich, dass sein Siegeslauf nicht auf den Spuren des Herkules und des Dionysos weitergeht, und tut sogar der Natur Gewalt an. So einer will nicht gehen, sondern kann einfach nicht stehen bleiben.

Sie erwähnten Herkules, auf dessen Spuren Alexander sich wähnte. Auch der war ein unermüdlicher Welten-„Eroberer".

Hercules nihil sibi vicit; orbem terrarum transivit non concupiscendo, sed iudicando, quid vinceret, malorum hostis, bonorum vindex marisque pacator; at hic a pueritia latro gentiumque vastator, tam hos-

*tium pernicies quam amicorum, qui summum bonum duceret terrori
esse cunctis mortalibus.* (ben. I 13, 3)

Herkules hat nichts für sich selbst besiegt. Er hat den Erdkreis durchmessen, nicht, um etwas für sich zu raffen, sondern auf der wohlüberlegten Suche danach, was er bezwingen sollte, der Schlechten Feind, der Guten Rächer, ein Friedensstifter auf dem Meer. Alexander dagegen war von Jugend an ein Räuber und Völkervernichter, ebenso das Verderben seiner Feinde wie das seiner Freunde, einer, der es für das größte Gut hielt, bei allen Menschen Schrecken zu verbreiten.

Das „Verderben seiner Freunde" – Sie spielen auf den Mord oder doch wohl eher den Totschlag an seinem engen Weggefährten Kleitos an?

Barbaris regibus feritas in ira fuit, quas nulla eruditio, nullus litterarum cultus imbuerat. Dabo tibi ex Aristotelis sinu regem Alexandrum, qui Clitum, carissimum sibi et una educatum inter epulas transfodit manu quidem sua, parum adulantem et pigre ex Macedone ac libero in Persicam servitutem transeuntem. (ira III 17, 1)

Barbarische Könige waren grausam in ihrer Wut. Sie waren mit keinerlei Erziehung und keinerlei Beschäftigung mit Literatur vertraut. Ich nenne dir aus der Obhut des Aristoteles den König Alexander, der seinen liebsten Freund Kleitos, mit dem er gemeinsam erzogen worden war, beim Gastmahl mit eigener Hand durchbohrte, weil er ihm zu wenig schmeichelte und sich zu träge von einem Makedonen und Freien in einen persischen Sklaven verwandelte.

Da war damals aber auch reichlich Alkohol im Spiel.

Intellecto facinore mori voluit, certe debuit. Alexandrum tot itinera, tot proelia, tot hiemes, tot flumina, tot maria tutum dimiserunt; intemperantia bibendi et ille Herculaneus ac fatalis scyphus condidit. (ep. 83, 19 und 23)

Als ihm bewusst wurde, was er getan hatte, wollte Alexander sterben. Das hätte er gewiss tun sollen. Aus so vielen Märschen, aus so vielen Schlachten, aus so vielen Wintern, aus so vielen Flüssen und aus so vielen Meeren ist Alexander heil herausgekommen, die Maßlosigkeit des Saufens und der berüchtigte Verderben bringende riesige Becher des Herkules aber haben ihn letztlich umgebracht.

Ein Mächtiger und doch ein Ohnmächtiger?

Alexander Persas quidem et Hyrcanos et Indos et quicquid gentium usque in oceanum extendit oriens, vastabat fugabatque, sed victor tot regum atque populorum irae tristitiaeque succumbens. Id enim egerat, ut omnia potius haberet in potestate quam affectus. (ep. 113, 29)

Alexander hat zwar die Perser, die Hyrcaner, die Inder und alle möglichen Völker im Osten bis zum Ozean verwüstet und in die Flucht geschlagen, aber er wurde als Sieger über so viele Könige und Völker ein Opfer seiner Wut und Niedergeschlagenheit. Das nämlich hatte er bewirkt: Er hatte alles mehr in seiner Gewalt als seine Affekte.

War er ein Großer?

Alexander discere geometriam coeperat, infelix, sciturus quam pusilla terra esset, ex qua minimum occupaverat. Ita dico: Infelix ob hoc, quod intellegere debebat falsum se gerere cognomen. Quis enim esse magnus in pusillo potest? (ep. 91, 17)

Alexander hatte angefangen, Geometrie zu erlernen – der Unglückliche, weil er bald erfahren sollte, wie winzig die Erde ist, von der er nur einen ganz kleinen Teil erobert hatte. Ich sage es so: Unglücklich deshalb, weil er erkennen musste, dass er den falschen Beinamen trug. Denn wer kann groß im Winzigen sein?

Ein wirklich Großer war er Ihrer Meinung nach nicht, auch weil sein Charakter nicht mit seinen militärischen Erfolgen Schritt hielt. Aber war er vielleicht eine Art tragischer Held?

Post Dareum et Indos pauper est Alexander. Mentior? Quaerit, quod suum faciat, scrutatur maria ignota, in oceanum classes novas mittit et ipsa, ut ita dicam, mundi claustra perrumpit. Quod naturae satis est, homini non est. Ille modo ignobilis anguli non sine controversia dominus tacto fine terrarum per suum rediturus orbem tristis est. (ep. 119, 7f.)

Nach seinen Siegen über Dareios und die Inder steht Alexander arm da. Lüge ich? Er sucht, was er noch zu Seinem machen kann, er durchwühlt unbekannte Meere, er schickt neue Flotten auf den Ozean hinaus und durchbricht sozusagen sogar die Riegel der Welt. Was der Natur genug ist, ist dem Menschen nicht genug. Er, der gerade noch keineswegs unbestritten Herr über einen unbekannten Winkel der Welt war, erreicht das Ende der Welt und ist, im Begriff, durch die ihm gehörende Welt zurückzukehren, traurig.

SCHNEE UND EIS
„Wie sich selbst aus Wasser noch ein Luxusartikel machen lässt ...“

Sie haben sich mit der Physik des Schnees beschäftigt und festgestellt, dass er mehr Luft als Wasser enthält. Mit Ethik, der Sie sich doch sonst verschrieben haben, scheint das wenig zu tun zu haben.

Non putas exprobari illis, cum emere aquam turpe sit, si ne aquam quidem emunt? (NQ IV 13, 2)

Meinst du nicht, dass sich dieses Ergebnis mit einem Vorwurf an die verbindet, die Schnee kaufen? Wasser zu kaufen gilt ihnen ja als unter ihrer Würde, außer sie kaufen etwas, das noch nicht Wasser ist.

Sie spielen auf ein neues Kühlverfahren für Getränke an?

Invenimus, quomodo stiparemus nivem, ut ea aestatem evinceret et contra anni fervorem defenderetur loci frigore. (NQ IV 13, 3)

Wir haben eine Methode erfunden, Schnee so zusammenzupressen, dass er den Sommer übersteht und gegen die Hitze der Jahreszeit in einem Kühlraum geschützt wird.

Aufwendig, aber doch eine großartige Erfindung! Oder?

Quid hac diligentia consecuti sumus? Nempe ut gratuitam mercemur aquam. Nobis dolet, quod spiritum, quod solem emere non possumus, quod hic aer delicatis divitibusque ex facili nec emptus venit. O quam nobis male est, quod quicquam a rerum natura in medio relictum est! (NQ IV 13, 3)

Was haben wir mit dieser Art von Forschung erreicht? Na klar: Dass wir das bisher kostenlose Wasser zur Handelsware machen. Es passt uns nicht, dass wir die Luft und die Sonne nicht kaufen können, dass die Luft, die uns umgibt, zu den Luxusjüngern und Geldsäcken so ganz einfach und ohne Kauf kommt. Ach, wie arm sind wir dran, dass noch irgendetwas von der Natur zum allgemeinen Gebrauch übrig ist!

Schnee als gewissermaßen veredeltes Wasser ist aus Ihrer Sicht eine Sünde wider die Natur?

Hoc, quod illa fluere et patere omnibus voluit, cuius haustum vitae publicum fecit, hoc, quod tam homini quam feris avibusque et inertissimis animalibus in usum large ac beate profudit, contra se ingeniosa luxuria redegit ad pretium. Adeo nihil illi potest placere nisi carum. Illi, cui divitiae molestae sunt, excogitatum est, quemadmodum etiam caperet aqua luxuriam. (NQ IV 13, 4)

Was die Natur für alle fließen und allen zugänglich machen wollte, was sie zu einem jedermann verfügbaren Lebenselixier gemacht hat, was sie dem Menschen ebenso wie den wilden Tieren, den Vögeln und den unbedeutendsten Lebewesen reichlich und üppig zum Gebrauch hingegossen hat, hat eine einfallsreiche Genusssucht zu ihrem eigenen Schaden zum Kaufobjekt gemacht. So wenig vermag ihr alles zu gefallen – außer es ist teuer. Man hat sich für den, dem sein Reichtum zur Last fällt, etwas ausgedacht, wie sich auch noch aus Wasser ein Luxusartikel machen lässt.

Der Nutzen des gepressten Schnees zur Kühlung von Getränken ist aber doch unbestritten.

Unde hoc perventum sit, ut nulla nobis aqua satis frigida videretur, quae flueret, dicam. Quamdiu sanus et salubris cibi capax stomachus est impleturque, non premitur, naturalibus fomentis contentus est. Ubi, cotidianis cruditatibus perustus, non temporis aestus, sed suos sentit, ubi ebrietas continua visceribus insedit et praecordia bile, in quam vertitur, torret, aliquid necessario quaeritur, quo aestus ille frangatur. (NQ IV 13, 5)

Ich werde dir erklären, wie es dazu kommen konnte, dass uns kein Wasser, auch kein fließendes, mehr kalt genug erscheint. Solange der Magen gesund ist, gesunde Speise aufnimmt und gefüllt, nicht vollgestopft wird, ist er mit natürlichen Anregungsmitteln zufrieden. Sobald er aber, durch tagtägliches Überladen entzündet, nicht mehr die Hitze der Jahreszeit, sondern seine eigene empfindet, sobald sich pausenloser Alkoholkonsum in den Eingeweiden einnistet und die inneren Organe durch die Galle, in die er sich umsetzt, versengt, wird notwendigerweise nach etwas gesucht, mit dem man dieser Hitze begegnen kann.

Ihre These heißt im Klartext: Viele überfressen sich hemmungslos und benötigen Schneewasser geradezu als Linderungsmittel. Oder auch als Reizmittel, um weiter schlemmen zu können?

Sicut animo relictos stupentesque frigida spargimus, ut ad sensum sui redeant, ita viscera istorum vitiis torpentia nihil sentiunt, nisi frigore illa vehementiore perusseris. (NQ IV 13, 7)

Wie wir Ohnmächtige und unter Schock Stehende mit kaltem Wasser besprengen, damit sie wieder zu sich kommen, so sind die Eingeweide dieser Leute von unmäßigem Fressen erstarrt und spüren nichts mehr, wenn sie nicht durch ziemlich heftige Kälteeinwirkung aktiviert werden.

Und damit kommt das Eis sozusagen als Steigerung des Schnees ins Spiel?

61

Inde est, quod ne nive quidem contenti sunt, sed glaciem, velut certior illi ex solido rigor sit, exquirunt ac saepe repetitis aquis diluunt. Quae non e summo tollitur, sed, ut vim maiorem habeat et pertinacius frigus, ex abdito effoditur. Itaque ne unum quidem eius est pretium, sed habet institores aqua et annonam, pro pudor, variam! (NQ IV 13, 8)

Genau daher kommt es, dass sie sich nicht einmal mehr mit Schnee begnügen, sondern sich auf die Suche nach Eis machen und es durch wiederholte Wassergüsse schmelzen lassen. Dieses Eis wird nicht von der Oberfläche genommen, sondern, damit es größere Wirkung hat und die Kälte länger hält, tief aus der Erde ausgegraben. Deshalb gibt es für die verschiedenen Sorten nicht einmal einen einheitlichen Preis, sondern Wasser hat eigene Verkäufer und, Schande über uns, unterschiedliche Marktpreise.

Gibt es „kulinarische" Entsprechungen auf der entgegengesetzten Seite der Temperaturskala?

Quemadmodum nihil illis satis frigidum, sic nihil satis calidum est, sed ardentes boletos et raptim indumento suo mersatos demittunt paene fumantes, quos deinde restinguant nivatis potionibus. (NQ IV 13, 10)

Wie ihnen nichts kalt genug ist, so ist ihnen auch nichts heiß genug. Sie dippen heiße Pilze in die dazugehörige Sauce und schlucken sie rasch fast noch rauchend hinunter – um sie darauf mit eiskalten Getränken zu löschen.

Mitleid hört sich anders an.

Luxuria invictum malum et ex molli fluidoque durum et patiens. Non intelligis omnia consuetudine vim suam perdere? Itaque nix ista, in qua iam etiam natatis, eo pervenit usu et cotidiana stomachi servitute, ut aquae locum obtineat. (NQ IV 13, 11)

Die Genusssucht ist ein unausrottbares Übel. Was anfangs angenehm weich und im Fluss ist, verhärtet sich und wird zum Dauerzustand. Siehst du nicht, wie alles durch Gewöhnung seine Kraft verliert? Deshalb ist es mit eurem Schnee da, in dem ihr fast schon schwimmt, durch den ständigen Gebrauch und die tagtägliche Versklavung des Magens so weit gekommen, dass er an die Stelle normalen Wassers tritt.

Ihr Rat an alle Schnee-Süchtigen?

Aliquid adhuc quaerite illa frigidius, quia pro nihilo est familiaris rigor! (NQ IV 13, 11)

Die euch vertraute Kälte bringt es ja nicht mehr – macht euch auf die Suche nach etwas, das noch kälter ist als Schnee!

SPORT
„Du solltest nicht immer über Büchern und
Schreibtafeln hocken ...“

Die Begeisterung Ihrer Landsleute für den Zuschauersport ist bekannt. Die
eigene sportliche Betätigung ist vielen dagegen nicht so wichtig. Von Ihnen
weiß man, dass Sie in Ihrer Jugend gern geschwommen sind – und das auch
in „exklusivem“ Ambiente ...

Ille tantus psychrolutes, qui Kalendis Ianuariis euripum salutabam,
qui anno novo, quemadmodum legere, scribere, dicere aliquid, sic
auspicabar in Virginem desilire, primum ad Tiberim transtuli castra,
deinde ad hoc solium, quod, cum fortissimus sum et omnia bona fide
fiunt, sol temperat: non multum mihi ad balneum superest. (ep. 83, 5)

Ich war mal ein großer Kaltwasserfreund und habe regelmäßig am 1. Ja-
nuar dem Kaltwassergraben meinen Gruß abgestattet. Wie man das Neue
Jahr mit Lesen, Schreiben und Formulieren beginnt, so begann ich es als
gutes Auspicium mit einem Sprung in die jungfräuliche Wasserleitung.
Später habe ich dann mein Lager zuerst an den Tiber verlegt, dann zu so
einer Badewanne, die, wenn ich ganz tapfer bin und alles ehrlich zugeht,
nur die Sonne erwärmt. Zum regelrechten Warmbad fehlt nicht mehr viel.

Nun sind Sie ja mit Verlaub um einiges älter als damals beim Neujahrs-
schwimmen im notorisch kalten Wasser der „Jungfrau“. Treiben Sie heute
noch Sport?

Minimum exercitationi corporis datum, et hoc nomine ago gratias
senectuti: non magno mihi constat. Cum me movi, lassus sum. Hic
autem est exercitationis etiam fortissimis finis. (ep. 83, 3)

Ich gebe der körperlichen Ertüchtigung recht wenig Raum. Und in dieser
Hinsicht muss ich dem Alter dankbar sein: Es kostet mich wenig Zeit.
Sobald ich mich bewege, bin ich müde. Und das ist auch bei den ganz
Forschen das Ende des Trainings.

Trainieren Sie alleine oder mit anderen zusammen?

Progymnastas meos quaeris? Unus mihi sufficit Pharius puer, ut scis,
amabilis, sed mutabitur; iam aliquem teneriorem quaero. (ep. 83, 4)

Du fragst nach meinen Trainingspartnern? Mir reicht einer: Pharius, ein
liebenswerter Junge, weißt du. Aber ich werde ihn austauschen; ich bin
schon auf der Suche nach einem jüngeren.

Warum das?

Iam vix illum assequor currentem et intra paucissimos dies non potero. Vide, quid exercitatio cotidiana proficiat. Cito magnum intervallum fit inter duos in diversum euntes: eodem tempore ille ascendit, ego descendo. (ep. 83, 4)

Ich kann ihn beim Lauf kaum noch einholen, und in ganz wenigen Tagen werde ich es überhaupt nicht mehr schaffen. Da siehst du, was tägliches Training ausmacht: Schnell vergrößert sich der Abstand zwischen zweien, die sich in unterschiedliche Richtungen entwickeln. In derselben Zeit geht's bei ihm bergauf und bei mir bergab.

Immerhin: Sie tun etwas für Ihre Fitness – und das als Intellektueller. Das erinnert an die Forderung von der *mens sana in corpore sano*, dem „gesunden Geist im gesunden Körper". Einverstanden?

Si philosopharis, bene est. Valere enim hoc demum est; sine hoc aeger est animus. Ergo hanc praecipue valetudinem cura, deinde et illam secundam, quae non magno tibi constabit, si volueris bene valere. (ep. 15, 1f.)

Wenn du philosophierst, geht es dir gut. Denn nur das heißt richtig gesund sein, ohne das ist der Geist krank. Deshalb kümmere dich vor allem um diese Gesundheit, dann erst an zweiter Stelle um die körperliche, die dich nicht viel kostet, wenn es dir nur auf das Wohlergehen ankommt.

Ihre Prioritätensetzung ist klar. Aber Sie raten anderen schon zur körperlichen Ertüchtigung, wie Sie sie selbst praktizieren?

Neque ego te iubeo semper imminere libro aut pugillaribus: dandum est aliquod intervallum animo; ita tamen, ut non resolvatur, sed remittatur. Sunt exercitationes et faciles et breves, quae corpus et sine mora lassent et tempori parcant, cuius praecipua ratio habenda est. (ep. 15, 6 und 4)

Ich will dich nicht dazu bringen, immer nur über Büchern und Schreibtafeln zu hocken. Man muss dem Geist auch eine Ruhepause gönnen, allerdings nicht zum Erschlaffen, sondern zum Entspannen. Es gibt leichte und kurze Übungen, die den Körper einerseits rasch ermüden und andererseits Zeit sparen. Diesen Aspekt sollte man vor allem berücksichtigen.

An welche Übungen denken Sie?

Cursus et cum aliquo pondere manus motae et saltus, vel ille, qui corpus in altum levat, vel ille, qui in longum mittit – quoius libet ex his elige usum rudem, facilem. Quicquid facies, cito redi a corpore ad animum; illum noctibus et diebus exerce! (ep. 15, 4f.)

Lauf, Armübungen mit Hanteln und Sprung, sei es Hoch-, sei es Weitsprung. Such dir aus denen aus, was dir Spaß macht, als feste Gewohnheit, aber ohne großartige Technik und leicht. Egal, was du tust, kehre schnell vom Körper zum Geist zurück. Den trainiere Tag und Nacht!

Bodybuilding gehört nicht zu Ihren Favoriten?
Stulta est et minime conveniens litterato viro occupatio exercendi lacertos et dilatandi cervicem et latera firmandi. Cum tibi feliciter sagina cesserit et tori creverint, nec vires umquam opimi bovis nec pondus aequabis. (ep. 15, 2)
Es ist eine törichte und für einen geistig interessierten Menschen gänzlich unangemessene Tätigkeit, seine Arme zu stählen, seinen Nacken zu verbreitern und seine Brust zu stärken. Wenn dir die damit verbundene Mast gut vonstattengeht und dir Muskelpakete gewachsen sind, wirst du trotzdem weder die Kraft eines feisten Stieres erreichen noch sein Gewicht.

Sie spielen darauf an, dass sich vor allem die Schwerathleten eine spezielle Diät mit enormer Kalorienzufuhr verordnen. Mit gesundem Sport mag das wenig zu tun haben, aber die Trainer halten ihre Schützlinge ja zu ebendiesem fragwürdigen Fitness-Programm an.
Accedunt pessimae notae mancipia in magisterium recepta, homines inter oleum et vinum occupati, quibus ad votum dies actus est, si bene desudaverunt, si in locum eius, quod effluxit, multum potionis altius ieiunio iturae regesserunt. (ep.15, 3)
Das kommt noch hinzu: Dass da Sklaven übelster Sorte als Trainer genommen werden, Menschen, die ihr ganzes Leben zwischen Öl und Wein verbringen, denen der Tag nach Wunsch verlaufen ist, wenn sie ordentlich geschwitzt haben und wenn sie zum Ausgleich für das, was rausgeflossen ist, reichlich Wein nachkippen, der auf nüchternen Magen noch stärker wirkt.

Oh je, Sie echauffieren sich ja mächtig. Diese Sorte von Trainern ist bei Ihnen gründlich unten durch. Auch Sie sind Trainer – Geistestrainer, der ja stets ein ethisch einwandfreies Verhalten einfordert. Gilt das auch für den Sport, zum Beispiel beim populären Ballspiel?
Si cum exercitato et docto negotium est, audacius pilam mittemus, si cum tirone et indocto, non tam rigide nec tam excusse, sed languidius et in ipsam eius derigentes manum remisse occurremus. (ben. II 17, 4)
Wenn wir es mit einem geübten und erfahrenen Mitspieler zu tun haben, dann werden wir den Ball kühner fliegen lassen. Ist er dagegen Anfänger

und noch ohne entsprechende Unterweisung, dann werden wir nicht so hart und druckvoll returnieren, sondern ihm sanfter und entspannt entgegenkommen, indem wir den Ball direkt in die Richtung seiner Hände fliegen lassen.

So lieben wir unseren Seneca – deutlich ausgeglichener als vorhin. Zum Abschluss vielleicht die Frage an den Philosophen des Maßes: Kann Sport manchmal auch psychischen Stress abbauen und zu größerer Gelassenheit führen?

Vides honorem et notam posse contemni: (Cato) eodem, quo repulsus est die, in comitio pila lusit. (ep. 104, 33)

Du siehst, dass man Ehre und Schande im politischen Raum gering schätzen kann: Am selben Tage, als er eine Niederlage bei den Wahlen erlitten hatte, spielte Cato auf dem Versammlungsplatz Ball.

SKLAVEREI UND FREIHEIT
„Willst du den wahren Wert eines Menschen erkennen, dann schau ihn dir nackt an ...“

Die römische Gesellschaft betont Klassenunterschiede. Könnten Sie es sich trotzdem vorstellen, mit einem Sklaven befreundet zu sein?

Non est, quod amicum tantum in foro et in curia quaeras. Si diligenter attenderis, et domi invenies. Saepe bona materia cessat sine artifice: tempta et experire! Quemadmodum stultus est, qui equum empturus non ipsum inspicit, sed stratum eius ac frenos, sic stultissimus est, qui hominem aut ex veste aut ex condicione, quae vestis modo nobis circumdata est, aestimat. (ep. 47, 16)

Es gibt keinen Grund, einen Freund nur auf dem Forum unter freien Bürgern und unter Senatoren zu suchen. Wenn du genau hinsiehst, wirst du ihn auch unter dem Personal in deinem Haus entdecken. Oft liegt ein guter Stoff brach, wenn ihm ein Künstler fehlt: Versuche es, probiere es aus! Wie derjenige dumm ist, der beim Pferdekauf das Tier selbst nicht ansieht, sondern seine Decke und Zügel, so überaus töricht ist einer, der einen Menschen nach seiner Kleidung oder seiner äußeren Stellung beurteilt – sie ist ja nur die Kleidung, die uns umgehängt ist.

Ist das beim Sklaven nicht doch noch etwas anderes?

„Servus est.“ Sed fortasse liber animo. „Servus est.“ Hoc illi nocebit? Ostende, quis non sit: alius libidini servit, alius avaritiae, alius ambitioni, omnes spei, omnes timori. Nulla servitus turpior est quam voluntaria. (ep. 47, 17)

Du wendest ein: „Er ist Sklave!“ Aber vielleicht ist er im Geiste frei. Erneut der Hinweis: „Er ist Sklave!“ Das soll ihm schaden? Zeige mir, wer kein Sklave ist: Der eine ist Sklave seiner Wollust, der zweite Sklave seiner Habgier, der dritte Sklave seines Ehrgeizes, und alle sind Sklaven der Hoffnung und der Furcht. Keine Sklaverei ist schimpflicher als die freiwillig gewählte.

Das hört sich nach einer Dialektik an, die den Sklavenbegriff umdefiniert. Als wahre Freiheit gilt für Sie demnach die geistige, nicht die gesellschaftliche?

Errat, si quis existimat servitutem in totum hominem descendere. Pars melior eius excepta est: corpora obnoxia sunt et adscripta dominis, mens quidem sui iuris, quae adeo libera et vaga est, ut ne ab hoc quidem carcere, in quo inclusa est, teneri queat, quominus impetu suo utatur et ingentia agitet et in infinitum comes caelestibus exeat.

(ben. III 20, 1)

Es irrt, wer meint, das Sklave-Sein dringe ganz und gar in einen Menschen ein. Sein besserer Teil ist davon ausgenommen: Der Körper ist dem Herrn unterworfen und zugeschrieben, der Geist dagegen hat sein eigenes Recht. Und er ist so frei und ungebunden, dass er sich nicht einmal von dem Kerker, in den er eingeschlossen ist, daran hindern lässt, seinen Schwung zu nutzen, ganz Großes zu betreiben und an der Seite der Götter in die Unendlichkeit vorzudringen.

Der Sklave ist also „nur" äußerlich unfrei?

Corpus est, quod domino fortuna tradidit; hoc emit, hoc vendit; interior illa pars mancipio dari non potest. Ab hac quidquid venit, liberum est. (ben. III 20, 2)

Der Körper ist es, was das Schicksal in die Hände des Herrn gegeben hat; ihn kauft er, ihn verkauft er. Jener innere Teil kann dem Eigentumsrecht nicht ausgeliefert werden. Alles, was von innen kommt, ist frei.

So dass der Sklave theoretisch sogar zum Weisen werden und alle wesentlichen Tugenden verkörpern kann?

Potest servus iustus esse, potest fortis, potest magni animi. Potest ex casa vir magnus exire. (ben. III 18, 4; ep. 66, 3)

Selbstverständlich kann ein Sklave gerecht sein, kann er tapfer, kann er hochherzig sein. Natürlich kann aus einer Hütte ein bedeutender Mensch herauskommen.

Im Unterschied zu Aristoteles erteilen Sie damit der Theorie einer der Natur gemäßen Sklaverei eine Absage. Verstehen wir Sie so richtig?

Vis tu cogitare istum, quem servum tuum vocas, ex isdem seminibus ortum, eodem frui caelo, aeque spirare, aeque vivere, aeque mori! Eadem omnibus principia eademque origo; nemo altero nobilior, nisi cui rectius ingenium et artibus bonis aptius. Unus omnium parens mundus est, sive per splendidos sive per sordidos gradus ad hunc prima cuiusque origo perducitur. (ep. 47, 10; ben. III 28, 1f.)

Das solltest du dir unbedingt klarmachen: Der, den du deinen Sklaven nennst, ist aus den gleichen Samen entstanden wie du, erfreut sich desselben Himmels, atmet genauso, lebt genauso, stirbt genauso wie du. Alle Menschen haben dieselben Anfänge und denselben Ursprung; niemand ist vornehmer als der andere, es sei denn, er verfügt über eine sittlich bessere, dank guter Charaktereigenschaften geeignetere Anlage. Der Vater aller ist das All, sei es über glänzende, sei es über unansehnliche Stufen geht der erste Ursprung eines jeden darauf zurück.

Wenn es diese grundsätzliche Gleichheit aller Menschen gibt, wäre es da nicht konsequent, die Abschaffung der Sklaverei anzustreben?

Formetur animus ad intellectum patientiamque sortis suae et sciat nihil inausum esse fortunae. Nihil horum indignandum est: in eum intravimus mundum, in quo his legibus vivitur. Impares nascimur, pares morimur. (ep. 91, 15f.)

Der Mensch soll sich darauf einstellen, sein Geschick zu erkennen und zu ertragen; er soll wissen, dass das Schicksal vor nichts zurückschreckt. Darüber braucht man sich gar nicht zu empören: Wir sind in diese Welt eingetreten, in der nach diesen Gesetzen gelebt wird. Geboren werden wir ungleich, sterben müssen wir gleich.

Eine fatalistische Weltsicht, die manche Ungerechtigkeit auch kampflos akzeptiert, scheint uns. Und die ja auch urplötzlich für die Nutznießer dieser Gesellschaftsordnung ins Unglück umschlagen kann.

Variana clade multos splendidissime natos, senatorium per militiam auspicantes gradum, fortuna depressit, alium ex illis pastorem, alium custodem casae fecit. (ep. 47, 10)

Durch die Niederlage des Varus hat das Schicksal viele Römer von glänzender Abstammung, die sich aufgrund ihres Militärdienstes Hoffnung auf den Senatorenrang machen konnten, tief hinuntergedrückt. Den einen hat es zum Hirten, den anderen zum Türsteher einer Hütte gemacht.

Wohl wahr. Und welche Konsequenzen hat das für die Behandlung der Sklaven, die ja allesamt, wenn man so will, Opfer der Fortuna sind?

Contemne nunc eius fortunae hominem, in quem transire, dum contemnis, potes! Haec praecepti mei summa est: sic cum inferiore vivas, quemadmodum tecum superiorem velis vivere. Quotiens in mentem venerit, quantum tibi in servum tuum liceat, veniat in mentem tantundem in te domino tuo licere. (ep. 47, 10f.)

Geh nun hin und verachte einen Menschen in dieser sozialen Stellung, in die du selbst, während du ihn noch verachtest, geraten kannst! Meinen Rat bringe ich so auf den Punkt: Lebe so mit einem Untergebenen, wie du möchtest, dass ein Vorgesetzter mit dir lebt. Jedes Mal, wenn dir einfällt, wie viel Macht du gegenüber deinem Sklaven hast, soll dir ebenfalls in den Sinn kommen, dass deinem Herrn genauso viel dir gegenüber erlaubt ist.

Das ist die pragmatisch-alltägliche Auswirkung Ihrer These von der grundsätzlichen Gleichheit der Menschen. Ethisch gesehen spielt der gesellschaftliche Status des Einzelnen aber keine Rolle. Ist die Philosophie insoweit „demokratisch"?

Cum voles veram hominis aestimationem inire et scire, qualis sit, nudum inspice: ponat patrimonium, ponat honores et alia fortunae mendacia, corpus ipsum exuat. Animum intuere, qualis quantusque sit, alieno an suo magnus. Si quid est aliud in philosophia boni, hoc est, quod stemma non inspicit. (ep. 76, 32; 44, 1)

Willst du den wahren Wert eines Menschen erfassen und sein wahres Wesen kennenlernen, dann schau ihn dir nackt an: Er lege sein Vermögen beiseite, lege seine Ehrenämter und andere trügerische Gaben des Schicksals ab, selbst seinen Körper ziehe er sozusagen aus. Schau auf seine Seele, ihre Beschaffenheit und Größe – und ob sie aus fremder oder aus eigener Kraft groß ist! Wenn es irgendetwas Gutes an der Philosophie gibt, so ist es dies: Sie schaut nicht auf den Stammbaum.

GIER

„Jeder, der nur ans Nehmen denkt, vergisst,
was er schon bekommen hat ..."

Wir haben uns schon fast an die nicht ganz so beglückende Erfahrung gewöhnt,
dass eine Finanzkrise auf die andere folgt. Nicht wenige Beobachter machen zumindest als eine wesentliche Ursache dafür „Gier" aus. Sie haben sich mit diesem Phänomen intensiv beschäftigt. Sagen Sie uns etwas zum Wesen der Gier?

*Quidquid cupiditati contingit, penitus hauritur et conditur, nec inter-
est, quantum eo, quod inexplebile est, congeras.* (ben. VII 3, 1)

Alles, worauf die Gier Zugriff hat, wird bis zur Neige ausgeschöpft und
einverleibt. Und es spielt keine Rolle, wie weit du etwas wieder auffüllst,
das unerschöpflich ist.

„Unerschöpflich" – Sie definieren Gier also als etwas, das kein Ende findet.
Ist, wer gierig ist, unersättlich?

*Solebat Attalus hac imagine uti: „Vidisti aliquando canem missa a do-
mino frusta panis aut carnis aperto ore captantem? Quicquid excepit,
protinus integrum devorat et semper ad spem futuri hiat. Idem evenit
nobis: Quicquid exspectantibus fortuna proiecit, id sine ulla voluptate
demittimus, statim ad rapinam alterius erecti et attoniti. "* (ep. 72, 8)

Mein Lehrer Attalus pflegte folgendes Bild zu gebrauchen: „Hast du schon
einmal gesehen, wie ein Hund mit offenem Maul Brot- oder Fleischbro-
cken schnappt? Was er auffängt, schlingt er sofort ungekaut hinunter und
steht ständig in Erwartung weiterer Bissen mit aufgerissenem Rachen da.
So geht es auch uns: Alles, was das Schicksal uns zuwirft – wir warten ja
stets darauf –, schlingen wir ohne jeden Genuss hinunter, sofort in Hab-
acht-Stellung auf weitere Beute lauernd."

Worin sehen Sie das größte Problem bei der Gier?

*Quisquis de accipiendo cogitat, oblitus accepti est, nec ullum habet
malum cupiditas maius quam quod ingrata est.* (ep. 73, 2)

Jeder, der nur ans Nehmen denkt, vergisst, was er schon bekommen hat.
Die Gier enthält kein größeres Übel, als dass sie undankbar ist.

Könnte man dieser Sucht mit der Ratio zu Leibe rücken?

*Cogitamus non, quid impetratum, sed quid petendum sit. Abstrahunt
a recto divitiae, honores, potentia et cetera, quae opinione nostra
cara sunt, pretio suo vilia. Nescimus aestimare res, de quibus non*

cum fama, sed sum rerum natura deliberandum est: nihil habent ista
magnificum, quo mentes in se nostras trahant, praeter hoc, quod mi-
rari illa consuevimus. Non enim, quia concupiscenda sunt, laudantur,
sed concupiscuntur, quia laudata sunt, et cum singulorum error pu-
blicum fecerit, singulorum errorem facit publicus. (ep. 81, 28f.)

Wir denken nicht genug darüber nach, was wir schon erreicht haben,
sondern darüber, was wir noch ergattern müssen. Reichtum, Ehren,
Macht und alles andere, was in unserer Einbildung wertvoll, seinem tatsächlichen Wert nach aber billig ist, ziehen uns vom Richtigen weg. Wir
verstehen es nicht, die Dinge richtig einzuschätzen, über die man nicht
nach dem Gerede der Leute, sondern nach dem Wesen der Dinge nachdenken muss. All diese Dinge haben nichts Großartiges an sich, wodurch
sie unsere Seele und unseren Verstand an sich ziehen könnten – außer
der Tatsache, dass wir uns angewöhnt haben, sie zu bewundern. Denn
sie werden nicht gelobt, weil sie lobenswert sind, sondern sie werden
begehrt, weil sie ständig gelobt werden. Nachdem der Irrtum Einzelner
den allgemeinen Irrtum bewirkt hat, bewirkt der allgemeine Irrtum den
Irrtum der Einzelnen.

**Sie empfehlen ein gründliches Nach- und radikales Umdenken. Das sollte
man ja am ehesten von denen erwarten dürfen, denen es richtig gut geht,
die es „geschafft" haben.**

Facit avidos nimia felicitas, nec tam temperatae cupiditates sunt um-
quam, ut in eo, quod contingit, desinant. Gradus a magnis ad maiora
fit et spes improbissimas complectuntur insperata adsecuti. (clem. pr. 1, 7)

Allzu großes Glück macht die Leute gierig, und die Begehrlichkeiten sind
nie so zu mäßigen, dass sie bei dem, was ihnen zuteil wird, stehen bleiben. Sie schreiten von Großem zu Größerem, und haben sie Unerwartetes
erreicht, dann hegen sie weitere Erwartungen, die völlig maßlos sind.

**Sie haben vorhin mehrere Objekte der Gier benannt. Uns scheint, dass das
Geld den höchsten Suchtfaktor hat, wenn wir an unsere einleitende Bemerkung zu den Finanzkrisen erinnern dürfen.**

Circa pecuniam plurimum vociferationis est. Aspice illos, ad quorum
felicitatem concurritur: bonis suis effocantur. Quam multis divitiae
graves sunt! (ira III 33, 1; brev. vit. 2, 4)

Um Geld gibt es das meiste Geschrei. Schau dir die an, zu deren Glück die
Leute förmlich zusammenrennen: Sie ersticken an ihren eigenen Gütern.
Wie vielen ist ihr Reichtum eine Last!

Sie denken an Gold, Silber, Immobilien?

Adhuc ista aliquam materiam habent; est, in quo errorem oculorum animus subsequi possit. Video istic diplomata et syngraphas et cautiones: vacua habendi simulacra, umbram avaritiae quaedam laborantis, per quae decipiat animum inanium opinione gaudentem. Quid enim ista sunt, quid faenus et calendarium et usura nisi humanae cupiditatis extra naturam quaesita nomina? Quid sunt istae tabellae, quid computationes et venale tempus et sanguinulentae centesimae?

(ben. VII 10, 3f.)

Die haben ja wenigstens noch einen stofflichen Wert. Da gibt es wenigstens noch etwas, bei dem der Verstand dem Irrtum der Augen zu folgen vermag. Darüber hinaus aber sehe ich Urkunden, Schuldverschreibungen und Obligationen: leere Sinnbilder des Besitzens, den Schatten einer Habsucht, die sich um das eine und das andere bemüht, mit dessen Hilfe man einen Geist täuschen kann, der sich an der Einbildung von Nichtigem erfreut. Denn was sind das da für Dinge, was bedeuten Zinsfuß, Schuldenbuch und Darlehenszins? Das sind doch Bezeichnungen für menschliche Gier, die außerhalb der Natur gesucht worden sind. Was sind das für Listen, was sind das für Zusammenrechnungen, für Zinstermine und bluttriefende Prozente?

Für manche Finanzprodukte gibt es keine bessere Definition. Unsere Hochachtung! Umso mehr stellt sich die Frage: Wie kommen wir weg von dieser Gier? Wie kann man Glück unabhängig von der Jagd nach Materiellem definieren?

Beatus est iudicii rectus, beatus est praesentibus, qualiacumque sunt, contentus amicusque rebus suis; beatus est is, cui omnem habitum rerum suarum ratio commendat. (vita beata 6, 2)

Glücklich ist, wer die Dinge richtig einschätzt; glücklich ist, wer mit den Verhältnissen, in denen er gerade lebt, wie immer sie auch sind, zufrieden ist und sich mit seiner Situation anfreundet; glücklich ist, wem die Vernunft die Gesamtsituation seiner Lebensumstände akzeptabel erscheinen lässt.

Das klingt ein bisschen nach einer Beruhigungspille auch für die objektiv gesehen zu kurz Gekommenen. Wir wissen: Sie bieten philosophische Abgeklärtheit als Ersatz für Gier nach Materiellem an. Aber gibt es daneben noch andere Güter, die Sie als erstrebenswerten Besitz ohne Gier-Komponente empfehlen können?

Stulta avaritia mortalium possessionem proprietatemque discernit nec quicquam suum credit esse, quod publicum est. At ille sapiens nihil magis suum iudicat quam cuius illi cum humano genere consortium est. (ep. 73, 7)

Die törichte Habgier der Menschen unterscheidet zwischen Eigentum und Besitz und glaubt, dass ihr nichts gehöre, was Gemeingut ist. Aber der Weise, der uns vorschwebt, hält nichts so sehr für sein Eigentum wie das, was er mit dem Menschengeschlecht gemeinsam besitzt.

Und das wäre?

Individua bona: pax et libertas – ea tam omnium tota quam singulorum est. (ep. 73, 8)

Unteilbare Güter: Frieden und Freiheit – sie sind zur Gänze ebenso der Besitz aller wie jedes Einzelnen.

Was wir uns als Voraussetzung für materielle Besitztümer wohl zu wenig klarmachen. Zum Schluss vielleicht ein „Seneca", den sich die Gierigen ins Stammbuch schreiben lassen sollten?

Cupiditati nihil satis est, naturae satis est etiam parum. (cons. Helv. 10, 10)

Der Gier ist nichts genug, der Natur ist sogar zu wenig genug.

WORK-LIFE-BALANCE
„Das größte Hindernis zu leben ist die Erwartung ...“

Es sind ja nicht nur Manager, die über ihre ständige Belastung im Job klagen. Manch einer setzt sich eine Grenze, will dann aussteigen und sich endlich Zeit für sich selbst nehmen. Ein Phänomen, das Ihnen vertraut ist?

Audies plerosque dicentes: „A quinquagesimo anno in otium secedam, sexagesimus me annus ab officiis dimittet. " (brev. vit. 3, 5)

Du wirst hören, wie sehr viele sagen: „Mit fünfzig werde ich mich ins Privatleben zurückziehen, mit sechzig mich von allen gesellschaftlichen Verpflichtungen frei machen."

Kommt uns sehr bekannt vor. Und auch ganz vernünftig. Oder?

Et quem tandem longioris vitae praedem accipis? Quis ista, sicut disponis, ire patietur? Non pudet te reliquias vitae tibi reservare et id solum tempus bonae menti destinare, quod in nullam rem conferri possit? Quam serum est tunc vivere incipere, cum desinendum est? (brev. vit. 3, 5)

Und wen bekommst du am Ende als Bürgen für eine längere Lebensdauer? Wer wird das so ablaufen lassen, wie du es dir einteilst? Schämst du dich nicht, nur den Rest deines Lebens für dich aufzuheben und allein die Zeitspanne für eine Besinnung auf das Richtige zu bestimmen, die für nichts anderes verwendet werden kann? Wie spät ist es, erst dann mit dem Leben anzufangen, wenn man es beenden muss?!

Nun empfinden doch gerade die Vielbeschäftigten und Vielgefragten die Verpflichtung, für andere da zu sein. Ist das so falsch?

Praedia sua occupari a nullo patiuntur et, si exigua contentio est de modo finium, ad lapides et arma discurrunt. In vitam suam incedere alios sinunt, immo vero ipsi etiam possessores eius futuros inducunt. Nemo invenitur, qui pecuniam suam dividere velit, vitam unusquisque quam multis distribuit. Adstricti sunt in continendo patrimonio, simul ad iacturam temporis ventum est, profusissimi in eo, cuius unius honesta avaritia est. (brev. vit. 3, 1)

Ihre Güter lassen sie von niemandem in Besitz nehmen, und wenn es nur den geringsten Streit über die Grenzziehung gibt, greifen sie zu Steinen und Waffen. In ihr Leben aber lassen sie andere eindringen, ach was, vielmehr holen sie sie sogar selbst als dessen künftige Besitzer herbei. Es findet sich kein Mensch, der sein Geld aufteilen will, sein Leben dagegen teilt er an möglichst viele auf. Wenn es um die Wahrung ihres Vermögens geht, sind sie pingelig, sobald es um Zeitverlust geht, sind sie überaus verschwenderisch, und das bei dieser einzigen Sache, bei der Geiz und Gier ehrenwert sind.

Wollen die Vielbeschäftigten denn überhaupt ein Zeitmanagement, bei dem auch mal Durchatmen, Nachdenken, innere Einkehr „eingeplant" sind?

Potentissimis et in altum sublatis hominibus excidere voces videbis, quibus otium optent, laudent, omnibus bonis suis praeferant. Divus Augustus, cui dii plura quam ulli praestiterunt, non desiit quietem sibi precari et vacationem a re publica petere. Omnis eius sermo ad hoc semper revolutus est, ut speraret otium. Hoc labores suos, etiam si falso, dulci tamen oblectabat solacio aliquando se victurum esse.

(brev. vit. 4, 1f.)

Du kannst erleben, wie den mächtigsten Menschen und denen, die in höchste Positionen aufgestiegen sind, Äußerungen entschlüpfen, in denen sie sich Muße wünschen, sie preisen und all ihren Gütern vorziehen. Der vergöttlichte Augustus, dem die Götter mehr als jedem anderen gewährt haben, hörte nicht auf, Ruhe für sich zu wünschen und Freisein von den Staatsgeschäften zu erbitten. Immer wieder kehrte er im Gespräch zu diesem Punkt zurück, dass er auf Muße hoffe. Mit diesem zwar falschen, aber süßen Trost half er sich über all die Lasten seiner Stellung hinweg – dass er irgendwann einmal leben werde.

Pure Illusion, meinen Sie. Und was sagen Sie diesen Selbsttäuschern?

Tamquam semper victuri vivitis, numquam vobis fragilitas vestra succurrit, non observatis, quantum iam tempus transierit, velut ex pleno et abundanti perditis. Omnia tamquam mortales timetis, omnia tamquam immortales concupiscitis. Vestra mehercules vita, licet supra mille annos exeat, in artissimum contrahetur: ista vitia nullum non saeculum devorabunt. Praecipitat quisque vitam suam et futuri desiderio laborat, praesentium taedio. (brev. vit. 3, 4; 6. 4; 7, 8)

Ihr lebt, als würdet ihr ewig leben. Niemals kommt euch eure Gebrechlichkeit zu Bewusstsein. Ihr achtet nicht darauf, wie viel Zeit vorübergegangen ist, ihr verschwendet sie, als könntet ihr aus dem Vollen, ja Übervollen schöpfen. Alles fürchtet ihr wie Sterbliche, alles wollt ihr haben wie Unsterbliche. Euer Leben mag, bei Gott, über tausend Jahre hinausgehen – es wird sich gleichwohl auf einen ganz engen Zeitraum zusammenziehen. Diese Fehleinstellungen werden jedes Jahrhundert verschlingen. Ein jeder überstürzt sein Leben und leidet an der Erwartung des Künftigen und am Überdruss an der Gegenwart.

Die falsche Lebenseinstellung aus Ihrer Sicht?

Maximum vivendi impedimentum est exspectatio, quae pendet ex crastino, perdit hodiernum. (brev. vit. 9, 1)

Das größte Hindernis zu leben ist die Erwartung. Sie macht sich abhängig vom Morgen und ruiniert das Heute.

Also immer mal wieder Bilanz ziehen, um diese Fixiertheit auf das ungewisse Morgen loszuwerden?

Repete memoria tecum, quotus quisque dies, ut destinaveras, recesserit, quando tibi usus tui fuerit, quando in statu suo vultus, quid tibi in tam longo aevo facti operis sit, quam multi vitam tuam diripuerint te non sentiente, quid perderes, quam exiguum tibi de tuo relictum sit – intelleges te immaturum mori. (brev. vit. 3, 3)

Ruf dir ins Gedächtnis zurück, wie wenige Tage so abgelaufen sind, wie du es dir vorgenommen hattest, wann du Umgang mit dir selbst gehabt hast, wann deine Miene sich in ihrem tatsächlichen Zustand befindet, was du in einem so langen Leben wirklich geleistet hast, wie viele dir dein Leben auseinandergerissen haben, ohne dass du bemerkt hast, was du verlorst, wie wenig dir von deinem Zeitbesitz übrig ist. Dann wir dir klar werden, dass du zu früh sterben wirst.

Der Spiegel, den Sie den Vielbeschäftigten vorhalten, stimmt nicht gerade fröhlich. Am Ende vielleicht etwas Aufbauendes? Ein Ratschlag Senecas?

Nihil minus est hominis occupati quam vivere, nullius rei difficilior scientia est. Vivere tota vita discendum est et, quod magis fortasse miraberis, tota vita discendum est mori. (brev. vit. 7, 3)

Von nichts ist ein vielbeschäftigter Mensch weiter entfernt als vom Leben. Es gibt keine andere Sache, deren Beherrschung schwieriger ist. Leben – das muss man das ganze Leben über erlernen. Und worüber du dich vielleicht noch mehr wundern wirst: Das ganze Leben über muss man sterben lernen.

EIN RICHTIGER BLÖDMANN
„Dummheit findet tagtäglich ihre Käufer ..."

So dezidiert Sie sich im Allgemeinen über die Dummheit vieler Menschen
äußern – persönlich greifen Sie kaum jemanden von denen an, die Sie recht
schonend als *imperiti*, „Unerfahrene", bezeichnen.

Philosophia ipsa tranquille modesteque tractanda est. (ep. 14, 11)
Die Philosophie selbst muss man auf ruhige und zurückhaltende Weise
betreiben.

Wir respektieren das. Aber trotzdem möchten wir Sie mal aus der Reserve
locken. Kennen Sie wirklich niemanden, von dem Sie ganz ungeschützt sagen
würden: „Ein richtiger Blödmann!"?

Calvisius Sabinus memoria nostra fuit dives; et patrimonium habebat
libertini et ingenium: numquam vidi hominem beatum indecentius.
(ep. 27, 5)
Es gab zu meiner Zeit einen Calvisius Sabinus: ein reicher Mann, der
sowohl das Vermögen als auch den Horizont eines Freigelassenen hatte! Niemals habe ich einen Menschen erlebt, der von seinem materiellen
Glück in unschicklicherer Weise Gebrauch gemacht hätte.

Inwiefern?

Huic memoria tam mala erat, ut illi nomen modo Ulixis excideret,
modo Achillis, modo Priami, quos tam bene quam paedagogos nostros
novimus. (ep. 27, 5)
Der hatte ein so miserables Gedächtnis, dass ihm mal der Name Odysseus
entfiel, mal Achilles, mal Priamos, alles Namen, die wir so gut kennen wie
unsere Erzieher.

Und irgendwie nutzte er, vermuten wir aufgrund Ihrer Andeutung vorhin,
sein Geld dafür, sich sozusagen mythologisch auf Vordermann zu bringen.
Wie hat er's angestellt?

Eruditus volebat videri. Hanc itaque compendiariam excogitavit:
magna summa emit servos, unum, qui Homerum teneret, alterum,
qui Hesiodum, novem praeterea lyricis singulos adsignavit. Magno
emisse illum non est, quod mireris: non invenerat, faciendos locavit.
(ep. 27, 5f.)
Er wollte gebildet erscheinen. Daher dachte er sich folgenden Ausweg
aus: Er kaufte für teures Geld Sklaven: einen, der den Homer auswendig

können sollte, einen zweiten, der den Hesiod beherrschen sollte, außerdem wies er neun Sklaven jeweils einem Lyriker zu. Du brauchst dich nicht darüber zu wundern, dass ihn das eine erhebliche Stange Geld gekostet hat: Er hatte nicht die richtigen Leute gefunden und musste sie daher erst ausbilden lassen.

Und die setzte er jetzt irgendwie ein. Erzählen Sie!

Postquam haec familia illi comparata est, coepit convivas suos inquietare. Habebat ad pedes hos, a quibus subinde, cum peteret versus, quos referret, saepe in medio verbo excidebat. (ep. 27, 6)

Nachdem er diese Sklavenschar zusammenhatte, fing er an, seine Gäste beim Gastmahl mit ihrer Hilfe zu nerven: Er hatte sie zu seinen Füßen sitzen und ließ sich von ihnen immer wieder Verse vorsagen, die er vortragen wollte. Oft aber blieb er mitten im Wort stecken.

Peinlich – aber irgendwie auch unterhaltsam für die Tischgesellschaft. Mindestens Spott hinter vorgehaltener Hand dürfte nicht ausgeblieben sein.

Suasit illi Satellius Quadratus, stultorum divitum arrosor et, quod sequitur, arrisor, et quod duobus his adiunctum est, derisor, ut grammaticos haberet analectas. Cum dixisset Sabinus centenis milibus sibi constare singulos servos, „Minoris, inquit, totidem scrinia emisses!"
(ep. 27, 7)

Da riet ihm Satellius Quadratus, ein Schmarotzer reicher Blödmänner und – konsequenterweise – ihr Schmeichler und, was mit beidem zusammenhängt, ihr Spötter, er solle sich doch Philologen als Brockensammler (für die Essensreste unter dem Tisch) halten. Sabinus erwiderte, jeder einzelne („Bildungs"-)Sklave koste ihn 100 000 Sesterze, und Satellius stichelte: „Die gleiche Zahl von Bücherschränken hättest du deutlich billiger erstehen können."

Wie reagierte Sabinus auf den Spott?

Ille tamen in ea opinione erat, ut putaret se scire, quod quisquam in domo sua sciret. (ep. 27, 7)

Der blieb bei seiner Überzeugung – nämlich wahrhaftig zu glauben, er wisse, was irgendjemand in seinem Hause wisse.

Eine Steilvorlage für den Spötter?

Satellius illum hortari coepit, ut luctaretur, hominem aegrum, pallidum, gracilem. Cum Sabinus respondisset: „Et quomodo possum? Vix vivo!", *„noli, obsecro te, inquit, istuc dicere: non vides, quam multos servos valentissimos habeas?"* (ep. 27, 8)

Satellius ging dazu über, ihn aufzufordern, er solle doch als Ringer auftreten – einen kränklichen, blassen, schmächtigen Menschen! Als Sabinus erwiderte: „Und wie soll ich das schaffen? Ich lebe ja kaum!", entgegnete Satellius: „Sag nicht so etwas, ich beschwöre dich! Siehst du denn nicht, wie viele ausnehmend kräftige Sklaven du besitzt?"

Eine hübsche Anekdote. Was lehrt sie uns?

Bona mens nec commodatur nec emitur; et, puto, si venalis esset, non haberet emptorem. At mala cotidie emitur. (ep. 27, 8)

Gesunder Verstand lässt sich weder mieten noch käuflich erwerben, und ich glaube, wäre er käuflich, so fände er keinen Käufer. Dummheit dagegen findet tagtäglich ihre Käufer.

Auch Sie selbst werden ja kaum umhinkönnen, sich manches dumme Zeug irgendwelcher Idioten anhören zu müssen. Wie gehen Sie mit den verbalen Ausscheidungen solcher geistigen Tiefflieger um?

Eleganter Demetrius noster solet dicere eodem loco sibi esse voces imperitorum quo ventre redditos crepitus. Quid enim, inquit, mea susum isti an deosum sonent? (ep. 91, 19)

Unser Demetrius pflegt espritvoll zu sagen, für ihn seien die Äußerungen von Dummköpfen das Gleiche wie aus ihrem Bauch entfahrene Fürze. Denn was, sagt er, kümmert es mich, ob diese Leute von oben oder von unten tönen?

KRANKHEIT UND SCHMERZ
„Du wirst nicht sterben, weil du krank bist,
sondern weil du lebst ..."

Lassen Sie uns über etwas Unangenehmes sprechen: Krankheit und Schmerz. Das philosophische Dogma vielleicht vorweg: Nach Auffassung der Stoa lässt sich der wahre Weise durch solche körperlichen Befindlichkeiten in seinem Glück nicht anfechten. Stimmen Sie zu?

Huic adicio caecitatem: non fit miser; adicio debilitatem: non fit miser; adicio dolores continuos et graves: miser non fit. Quem tam multa mala in miseram vitam non transferunt, ne ex beata quidem educunt. (ep. 92, 22)

Ich füge ihm Blindheit zu: Er wird nicht unglücklich; ich gebe Gebrechlichkeit hinzu: Er wird nicht unglücklich; ich lege dauerhaft schwere Schmerzen obendrauf: Unglücklich wird er nicht. Wen so viele Gebrechen nicht in ein unglückliches Leben befördern, den führen sie auch aus einem glücklichen Leben nicht heraus.

Sie wissen, dass die Stoiker mit dieser rigiden Position heftig anecken. Sie wollen die Menschen zur wahren Freiheit emanzipieren. Körperliche Einschränkungen sehen Sie nicht als Hindernis auf diesem Wege?

Nemo liber est, qui corpori servit. (ep. 92, 33)

Niemand ist frei, der Sklave seines Körpers ist.

Gut, gehen wir vom Grundsätzlichen weg, und beschränken wir uns aufs Pragmatische. Auch wenn es für sein Glück keine Rolle spielt, wird sich selbst der Weise von Krankheiten möglichst freihalten.

Malam valetudinem tolerabit, bonam optabit. Totum fortunae regnum despiciam, sed ex illo, si dabitur electio, meliora sumam. (vita beata 22, 3; 25, 5)

Er wird schlechte Gesundheit aushalten, aber sich gute wünschen. Ich werde stets den gesamten Herrschaftsbereich des Schicksals verachten, mir aber, wenn ich die Wahl habe, aus ihm das bessere nehmen.

Danke für die Klarstellung. Jetzt ganz konkret gefragt: Waren Sie selbst schon einmal schwerkrank?

Eo perductus sum, ut ipse destillarem ad summam maciem deductus. (ep. 78, 1)

Es war bei mir einmal so weit, dass ich gewissermaßen als ganze Person auf dem Wege war, mich in Schnupfen aufzulösen, und dabei ganz enorm Körpergewicht verloren habe.

Sie waren damals noch jung. Wie sind Sie mit dieser Krankheit umgegangen?

Saepe impetum cepi abrumpendae vitae; patris me indulgentissimi senectus retinuit. Itaque imperavi mihi, ut viverem. Aliquando enim et vivere fortiter facere est. (ep. 78, 2)

Ich habe oft den Anlauf genommen, mich vom Leben fortzureißen, aber das hohe Alter meines Vaters, der mir sehr zugetan war, hat mich davon abgehalten. Deshalb habe ich mir befohlen, weiterzuleben. Manchmal heißt ja auch leben, tapfer zu handeln.

Wir widersprechen nicht. Gab es neben der Rücksicht auf den Vater etwas, das Sie in Ihrem Entschluss weiterzuleben gestützt hat?

In remedium cedunt honesta solacia, et quidquid animum erexit, etiam corpori prodest: studia mihi nostra saluti fuerunt. Philosophiae acceptum fero, quod surrexi, quod convalui; illi vitam debeo. (ep. 78, 3)

Zur Arznei werden Trostworte, die von sittlicher Qualität sind, und alles, was die Seele aufrichten konnte, nützt auch dem Körper. Meine wissenschaftliche Beschäftigung war heilsam für mich. Der Philosophie verdanke ich, dass ich wieder hochgekommen und gesund geworden bin; ihr verdanke ich mein Leben.

Sind soziale Kontakte in solchen Lebenskrisen wichtig?

Multum mihi contulerunt ad bonam valetudinem amici, quorum adhortationibus, vigiliis, sermonibus adlevabar. Nihil aeque aegrum reficit atque adiuvat quam amicorum affectus, nihil aeque exspectationem mortis ac metum subripit. (ep. 78, 4)

Viel haben zur Gesundung meine Freunde beigetragen; durch ihr gutes Zureden, ihre Nachtwachen und durch Gespräche mit ihnen fasste ich wieder Mut. Nichts belebt den Kranken in gleicher Weise und hilft ihm so wie die Zuneigung der Freunde; nichts nimmt ihm in gleicher Weise die Erwartung des Todes und die Furcht vor ihm.

Was belastet den Schwerkranken besonders?

Tria haec in omni morbo gravia sunt: metus mortis, dolor corporis, intermissio voluptatum. (ep. 78, 6)

Diese drei Dinge sind bei jeder Krankheit belastend: Angst vor dem Tod, körperlicher Schmerz und der Verzicht auf Genüsse.

Wobei die Furcht vor dem Tode aus Ihrer Sicht gänzlich unbegründet ist …

Hoc unum dicam: non morbi hunc esse, sed naturae metum. Multo-

rum mortem distulit morbus et salubris fuit videri perire. Morieris,
non quia aegrotas, sed quia vivis. (ep. 78, 6)
Lass mich dies eine sagen: Das ist nicht die Furcht vor der Krankheit, sondern vor dem Naturgesetz. Bei vielen Menschen hat die Krankheit den Tod
hinausgeschoben, und das scheinbar nahe Ende brachte ihnen die Ret-
tung. Du wirst nicht sterben, weil du krank bist, sondern weil du lebst.

Und wie lassen sich Schmerzen ertragen?

Magnos cruciatus habet morbus, sed hos tolerabiles intervalla faci-
unt. Nam summi doloris intentio invenit finem; nemo potest valde do-
lere et diu. Sic nos amantissima nostri natura disposuit, ut dolorem
aut tolerabilem aut brevem faceret. (ep. 78, 7)
Eine Krankheit verursacht große Qualen, aber die Pausen dazwischen machen sie erträglich. Der höchste Grad an Schmerz bedeutet ja sein Ende;
niemand kann zugleich intensiv Schmerzen erleiden und lange. So hat
es die Natur, die es sehr gut mit uns meint, eingerichtet: Sie lässt einen
Schmerz entweder erträglich oder kurz sein.

Sie sprachen vorhin davon, dass geistige Anspannung Ihre Krankheit seiner-zeit gelindert hat. Lässt sich das verallgemeinern?

Illud est, quod imperitos in vexatione corporis male habet: non adsue-
verunt animo esse contenti. Multum illis cum corpore fuit. Ideo vir
magnus ac prudens animum diducit a corpore et multum cum meliore
et divina parte versatur, cum hac querula et fragili, quantum necesse
est. (ep. 78, 10)
Genau das ist es, was Ungebildeten bei körperlicher Qual so schlimm zu-
setzt: Sie haben keine Übung darin, mit dem Geist zufrieden zu sein. Sie
haben stets mit ihrem Körper zu tun. Deshalb trennt ein großer und klu-
ger Mensch den Geist vom Körper und beschäftigt sich mit diesem besseren, göttlichen Teil von sich, mit dem quengeligen, zerbrechlichen Leib
aber nur so viel wie nötig.

„Quengelig" sagen Sie. Der Volksmund sagt „Klagen hilft".Wer hat recht?

Noli mala tua facere tibi ipse graviora et te querelis onerare: levis
est dolor, si nihil illi opinio adiecerit. Contra, si exhortari te coeperis
et dicere: „nihil est aut certe exiguum, duremus, iam desinet", levem
illum, dum putas, facies. (ep. 78, 13)
Mach dir deine Leiden nicht noch schlimmer, belaste dich nicht mit Klagen!
Leicht ist der Schmerz, wenn ihn die Einbildung nicht noch größer macht.

Wenn du dagegen anfängst, dir Mut zuzusprechen und zu sagen. „Es ist nichts oder jedenfalls nur wenig, wir müssen da durch, der Schmerz wird schon bald aufhören", dann wirst du ihn, indem du ihn leichtnimmst, auch leicht machen.

Belastungsrhetorik ist wenig hilfreich: Das hört sich nach einer klugen Lebensregel an, mit der man auch andere Belastungen reduziert. Sie meinen, jeder sei, wenn er es verkehrt anfängt, auch seines Unglückes Schmied?

Omnia ex opinione suspensa sunt; ad opinionem dolemus. Tam miser est quisque quam credidit. (ep. 78, 13)

Alles hängt von der eigenen Einschätzung ab. Wir empfinden Schmerz in der Weise, wie wir ihn wahrnehmen. Jeder ist so unglücklich, wie er zu sein glaubt.

Ist das Reden über frühere Krankheiten hilfreich? Nach den Gesprächen in Wartezimmern von Ärzten zu urteilen, ja unbedingt.

Detrahendas praeteritorum dolorum conquestiones puto et illa verba: „Nulli umquam fuit peius: quos cruciatus, quanta mala pertuli!" Quid iuvat praeteritos dolores retractare et miserum esse, quia fueris? (ep. 78, 14)

Mit der Jammerei über früher erlittene Schmerzen muss, meine ich, unbedingt Schluss sein – und auch mit Sprüchen dieser Art: „Niemand war je so schlimm dran wie ich: Welche Qualen, welche Leiden musste ich ertragen!" Was nützt es, sich vergangene Schmerzen wieder bewusst zu machen und unglücklich zu sein, weil man es mal war?

Ihr dritter Punkt: Die Krankheit erzwingt – zumindest vorübergehend – den Verzicht auf Genüsse.

Duo genera sunt voluptatum: Corporales morbus inhibet, non tamen tollit, immo, si verum aestimes, incitat: quicquid ex abstinentia contingit, avidius expetitur. Illas vero animi voluptates, quae maiores certioresque sunt, nemo medicus aegro negat: has quisquis sequitur et bene intellegit, omnia sensuum blandimenta contemnit. (ep. 78, 22)

Es gibt zwei Arten von Genüssen. Die körperliche Variante wird durch eine Krankheit gehemmt, aber sie wird nicht gänzlich aufgehoben. Ja, wenn man es recht betrachtet, erhöht sie sie sogar: Was einem bei grundsätzlicher Enthaltsamkeit dann doch zuteil wird, nimmt man geradezu gieriger auf. Was aber die Geistesgenüsse angeht, die größer und verlässlicher sind, so versagt sie kein Arzt dem Kranken: Jeder, der sich an sie hält und sie als solche wahrnimmt, verachtet alle Verlockungen sinnlicher Genüsse.

Gibt es etwas, das man in der Prüfung durch Krankheit und Schmerzen auch positiv sehen kann?

Non tantum arma et acies dant argumenta alacris animi indomitique terroribus; et in vestimentis vir fortis apparet. Habes, quod agas: bene luctare cum morbo. Si nihil te coegerit, si nihil exoraverit, insigne prodis exemplum. O quam magna erat gloriae materia, si spectaremur aegri! Ipse te specta, ipse te lauda! Est, mihi crede, virtuti etiam in lectulo locus. (ep. 78, 21 und 20)

Nicht nur Waffen und Schlachten legen Zeugnis ab von einer tapferen Einstellung, die sich von Schrecken nicht unterkriegen lässt. Den tapferen Menschen gibt es auch in bürgerlicher Kleidung. Du hast durchaus eine Aufgabe: Kämpfe erfolgreich gegen deine Krankheit! Wenn nichts dich bezwingt, wenn nichts dich erweicht, gibst du ein prächtiges Vorbild ab. Ach, wie groß wäre des Ruhmes Stoff, wenn man uns beim Verhalten gegenüber der Krankheit zuschauen würde! Schau dir selbst zu! Preise dich selbst! Es gibt, glaub mir, auch auf dem Krankenlager Raum für Heldentum.

SEX-SPIELE MIT REFLEXION
„Man hätte ihn vor seinem Spiegel abschlachten sollen ..."

Kann der Spiegel ein Gegenstand ernsten philosophischen Erkenntnisinteresses sein?

Derideantur philosophi, quod de speculi natura disserant, quod inquirant, quid ista facies nostra nobis et quidem in nos obversa reddatur. (NQ I 17, 1)

Man mag über die Philosophen spotten, dass sie über das Wesen des Spiegels diskutieren, dass sie fragen, warum unser Antlitz uns auf diese Weise gespiegelt wird, und zwar so, dass es uns zugewandt ist.

Welche Fragen stellen sich die philosophischen Spiegel-Forscher?

Quid sibi rerum natura voluerit, quod, cum vera corpora edidisset, etiam simulacra aspici voluit, quorsus pertinuerit hanc comparare materiam excipiendarum imaginum potentem. (NQ I 17, 1f.)

Was die Natur damit beabsichtigt hat, dass sie, nachdem sie reale Körper geschaffen hat, auch noch deren Ebenbilder zur Schau stellen wollte? Worauf es abzielt, dass sie diese Materie zur Verfügung stellt, die es erlaubt, die Spiegelbilder zu empfangen?

Ihre Antwort darauf?

Primum omnium, quia imbecilli oculi ad sustinendum comminus solem ignoraturi erant, formam eius hebetato lumine ostendit. Quamvis enim orientem occidentemque eum contemplari liceat, tamen habitum eius ipsum qui verus est, non rubentis, sed candida luce fulgentis, nesciremus, nisi in aliquo nobis umore lenior et aspici facilior occurreret. (NQ I 17, 2)

Zuallererst zeigt uns die Natur, weil unsere Augen zu schwach sind, um das direkte Licht der Sonne auszuhalten, deren Aussehen, indem sie das Licht durch den Spiegel schwächer werden lässt. Sonst wüssten wir gar nicht recht, wie die Sonne aussieht. Zwar können wir sie beim Auf- und Untergang beobachten, aber ihr wahres Aussehen, das in Wirklichkeit nicht rötlich, sondern strahlend weiß ist, könnten wir nicht kennen, wenn es uns nicht in irgendeiner Flüssigkeit milder und leichter anzuschauen begegnen würde.

Gibt es aus Ihrer Sicht einen weiteren Grund, warum die Natur Spiegel und Spiegeleffekte geschaffen hat?

Inventa sunt specula, ut homo ipse se nosset, multa ex hoc consecu-
turus, primum sui notitiam, deinde ad quaedam consilium: formosus,
ut vitaret infamiam, deformis, ut sciret redimendum esse virtutibus
quidquid corpori deesset, iuvenis, ut flore aetatis admoneretur illud
tempus esse discendi et fortia audendi, senex, ut indecora canis de-
poneret, ut de morte aliquid cogitaret. (NQ I 17, 4)

Spiegel wurden erfunden, damit sich der Mensch selbst kennenlernt und
daraus viele wichtige Schlüsse zieht: Zum einen, damit er sieht, wie er
ausschaut, zum zweiten, damit er sich in gewissen Hinsichten beraten
lässt: der Schöne, dass er sich vor übler Nachrede in Acht nimmt, der
Hässliche, dass ihm klar wird, dass er durch moralische Qualitäten aus-
gleichen muss, was seinem Körper fehlt, der junge Mensch, dass er sich
durch die Blüte der Jugend daran gemahnen lässt, dass dies die Zeit fürs
Lernen und für tapfere Taten ist, der alte Mensch, dass er das, was für
seine grauen Haare unschicklich ist, aufgibt und gehörig über den Tod
nachdenkt.

**Eine interessante These. Der Spiegel als moralisches Selbstkorrektiv, eine
Art persönliches Delphi *en miniature* der Selbsterkenntnis zugunsten einer
moralischen Lebensführung?**

Ad haec rerum natura facultatem nobis dedit nosmet ipsos videndi.
(NQ I 17, 4)

Genau dazu hat uns die Natur die Möglichkeit gegeben, uns selbst zu sehen.

**Meinen Sie nicht, dass auch schon die Menschen der Frühzeit spiegelnde
Flächen aus einer gewissen Eitelkeit heraus genutzt haben?**

Aetas illa simplicior et fortuitis contenta nondum in vitium beneficia de-
torquebat nec inventa naturae in libidinem luxumque rapiebat. (NQ I 17, 5)

Jenes einfachere Zeitalter, das sich mit den Dingen begnügte, die sich zu-
fällig darboten, hat die Wohltaten der Natur noch nicht für Laster missbraucht und hat ihre Erfindungen nicht in den Bereich von Wollust und
Luxus gezerrt.

Inwiefern Luxus?

Postea iam rerum potiente luxuria specula totis paria corporibus auro
argentoque caelata sunt, gemmis deinde adornata; et pluris unum ex
his feminae constitit quam antiquarum dos fuit. (NQ I 17, 8)

Später, als schon die Verschwendungssucht ihr Regiment ausübte, wurden Spiegel so groß wie ganze Körper aus Gold und Silber ziseliert und

auch noch mit Edelsteinen geschmückt. Ein einziger von denen kostete eine Dame mehr Geld, als früher die Mitgift der Frauen wert war.

Und wie „avancierte" der Spiegel zum Werkzeug der Wollust?

Hoc loco volo tibi narrare fabellam, ut intellegas, quam ingeniosa sit libido ad incitandum furorem suum. Hostius fuit Quadra, obscenitatis in scaenam usque productae. Non erat ille ab uno tantummodo sexu impurus, sed tam virorum quam feminarum avidus fuit fecitque specula imagines longe maiores reddentia, in quibus digitus bracchii mensuram et crassitudinem excederet. Haec autem ita disponebat, ut, cum virum ipse pateretur, aversus omnes admissarii sui motus in speculo videret ac deinde falsa magnitudine ipsius membri tamquam vera gaudebat. (NQ I 16, 1f.)

Ich will dir an dieser Stelle eine kleine Geschichte erzählen, damit du siehst, wie einfallsreich die Wollust dabei ist, ihren Wahnsinnstrieb noch weiter anzustacheln. Es gab mal einen Hostius Quadra, der machte seine Geilheit sogar noch zur Schaubühne. Er war nicht nur im Hinblick auf ein einziges Geschlecht versaut, sondern war gleichermaßen scharf auf Männer wie auf Frauen. Er ließ Spiegel herstellen, die die Bilder bei weitem größer erscheinen ließen, sodass bei ihnen ein Finger länger und dicker schien als ein Arm. Die stellte er so auf, dass, wenn er sich selbst von einem Mann besteigen ließ, er alle Bewegungen seines Deckhengstes von hinten im Spiegel sah und an der vorgegaukelten Größe gerade des Gliedes solchen Spaß hatte, als wäre sie echt.

Manch einer sähe darin eher eine erotische Devianz oder Delikatesse als ein schlimmes Laster …

… illud monstrum obscenitatem suam spectaculum fecerat et ea sibi ostentabat, quibus abscondendis nulla satis alta nox est. „Simul, inquit, et virum et feminam patior. Omnia membra stupris occupata sunt; oculi quoque in partem libidinis veniant et testes eius exactoresque sint. Id genus spectaculorum circumponam mihi, quod incredibilem magnitudinem imaginum reddat. Si liceret mihi, ad verum ista perducerem; quia non licet, mendacio pascar. Obscenitas mea plus quam capit videat et patientiam suam ipsa miretur!" (NQ I 16, 6f.)

… dieses Ungeheuer hatte seine Wollust zu einem Schauspiel gemacht und zeigte ganz offen und genüsslich Dinge, für deren Verheimlichung keine Nacht schwarz genug wäre. „Ich lasse es mir", sagte er, „gleichzeitig von einem Mann und einer Frau besorgen. Alle meine Glieder sind mit perversem Sex ausgelastet; auch die Augen sollen noch an der Geilheit teilhaben, sollen ihre Zeugen und Aufseher sein. Ich will die Art von Spiegeln rings um mich aufstellen, die unglaublich große Spiegelbilder produziert. Wäre es mir möglich, so würde ich das alles in die Realität umsetzen. Weil das nicht geht, will ich mich an der Illusion weiden. Meine Wollust soll mehr sehen, als sie bewältigt, und soll selbst über ihr Leistungsvermögen erstaunt sein."

Mal ehrlich: Manch einer wird sich insgeheim denken: Hostius hat dank Spiegel-Sex und ähnlicher Eskapaden wenigstens etwas vom Leben gehabt, bevor er von seinen Sklaven ermordet wurde. Nicht gerade Ihre Meinung dazu, vermuten wir?

Hic fortasse cito et, antequam videret, occisus est; ad speculum suum immolandus fuit. (NQ I 16, 9)

Der Kerl ist vielleicht zu schnell, bevor er dabei zuschauen konnte, umgebracht worden. Man hätte ihn vor seinem Spiegel abschlachten sollen.

SENIORENSTUDIUM
"Das Alter ist voller Genuss, wenn man es zu nutzen versteht ..."

Sie stehen mitten im siebten Lebensjahrzehnt. Prägt das Alter Ihr Bewusstsein?

Quocumque me verti, argumenta senectutis meae video. Veneram in suburbanum meum et querebar de impensis aedificii labentis. Ait vilicus mihi non esse neglegentiae suae vitium, omnia se facere, sed villam veterem esse. Haec villa inter manus meas crevit. Quid mihi futurum est, si tam putria sunt aetatis meae saxa? (ep. 12, 1)

Wohin ich mich wende, überall erblicke ich Beweise für mein hohes Alter. Ich war neulich auf mein Landgut nahe der Stadt gekommen und hielt mich dran, über die Kosten für das baufällige Gebäude zu klagen. Der Verwalter sagte mir, daran sei nicht seine Nachlässigkeit schuld, er tue alles, aber das Landhaus sei eben alt. Dieses Landhaus ist unter meinen Händen entstanden. Was soll da mit mir werden, wenn gleichaltrige Steine so morsch sind?

Passiert Ihnen Ähnliches auch mit Menschen, die Sie lange Zeit nicht gesehen haben?

Conversus ad ianuam: "Quis est iste, inquam, iste decrepitus? Unde istunc nactus es? Quid te delectavit alienum mortuum tollere?" Ait ille: "Non cognoscis me?, inquit, ego sum Felicio, cui solebas sigillaria afferre. Ego sum Philositi vilici filius, deliciolum tuum." – "Perfecte, inquam, iste delirat; pupulus etiam delicium meum factus est? Prorsus potest fieri: dentes illi cum maxime cadunt." (ep. 12, 3)

Zur Schwelle gewandt (frage ich meinen Verwalter): "Wer ist denn das da? Der abgelebte Kerl? Wo hast du den denn aufgegabelt? Was ist dir eingefallen, einen fremden Toten bei uns aufzunehmen?" Da ruft der Mann: "Erkennst du mich denn nicht? Ich bin Felicio, dem du früher immer Bildchen mitgebracht hast. Ich bin der Sohn deines Verwalters Philositus, dein kleiner Liebling!" – "Der spinnt ja total", sage ich, "als Bübchen ist er schon mein kleiner Liebling geworden? Kann durchaus sein, gerade fallen ihm ja die Zähne aus."

Oh je. Dürfen wir daraus schließen, dass Sie Probleme mit dem Altwerden haben?

Debeo hoc suburbano meo, quod mihi senectus mea, quocumque adverteram, apparuit. Complectamur illam et amemus: plena est voluptatis, si illa scias uti. (ep. 12, 4)

Ich verdanke es meinem Landgut am Stadtrand, dass mir, wohin ich mich auch wandte, mein Alter deutlich wurde. Umarmen und lieben will ich es! Es ist voller Genuss, wenn man es zu nutzen versteht.

Diese Eloge hätten wir jetzt nicht erwartet. Wir fühlen uns, sehen Sie es uns nach, an das Sprichwort erinnert, dem zufolge auch der Herbst noch schöne Tage hat. Stimmen Sie zu?

Gratissima sunt poma, cum fugiunt; pueritiae maximus in exitu decor est; deditos vino potio extrema delectat, illa, quae mergit, quae ebrietati summam manum imponit. Quod in se iucundissimum omnis voluptas habet, in finem sui differt. Iucundissima est aetas devexa iam, non tamen praeceps, et illam quoque in extrema tegula stantem iudico habere suas voluptates: aut hoc ipsum succedit in locum voluptatium: nullis egere. (ep. 12, 4f.)

Am besten schmeckt das Obst, wenn es damit zu Ende geht. Die Kindheit ist am schönsten, kurz bevor sie zu Ende geht; denjenigen, die dem Weingenuss ergeben sind, mundet der letzte Schluck am besten, jener, der sie sozusagen untertaucht, der letzte Hand an ihren Rausch legt. Was ein jeder Genuss als Angenehmstes in sich hat, das hebt er für das Ende auf. Am angenehmsten ist das Alter, das sich schon nach unten neigt, ohne sich im jähen Sturz zu befinden. Ich meine, es hat, auch wenn es auf dem äußersten Ziegel steht, noch seine Genüsse. Oder anders ausgedrückt: Ebendas tritt an die Stelle der Genüsse: dass es keinerlei Bedarf an Genüssen hat.

Hängen da dem Fuchs die Trauben zu hoch?

Quam dulce est cupiditates fatigasse ac reliquisse! (ep. 12, 5)

Wie süß ist es, seine Begierden überwunden und hinter sich gelassen zu haben!

Na gut, Sie bleiben dabei. Und wo ist, bitte sehr, wenn das so zutrifft, das, was man heutzutage den benefit nennt, in Bezug auf das Alter?

Non sentio in animo aetatis iniuriam, cum sentiam in corpore. Tantum vitia et vitiorum ministeria senuerunt. Viget animus et gaudet non multum sibi esse cum corpore: magnam partem oneris sui posuit. Exsultat et mihi facit controversiam de senectute: hunc ait esse florem suum. (ep. 26, 2)

In meiner Seele empfinde ich keine Einbuße durch das Alter, körperlich dagegen schon. Nur meine Fehler und ihre Helfershelfer sind alt geworden. Mein Geist ist frisch und freut sich, dass er nicht mehr viel mit dem Körper zu tun hat. Er hat einen Großteil seiner Last abgelegt. Er jauchzt förmlich auf und bietet mir ein Streitgespräch über das Alter an: Dies sei, behauptet er, seine Blütezeit.

Und schenken Sie ihm Vertrauen?

Credamus illi: bono suo utatur. (ep. 26, 2)

Glauben wir ihm: Er soll sein Glück genießen.

Der körperliche Abbau wird also durch geistige Betätigung mehr als aufgewogen? Ein Plädoyer gar für das Seniorenstudium?

Philosophum audio et quidem quintum iam diem habeo, ex quo in scholam eo et ab octava disputantem audio. „Bona, inquis, aetate!" quidni bona? Quid autem stultius est quam, quia diu non didiceris, non discere? (ep. 76, 1)

Ich höre einen Philosophen, und zwar ist es schon der fünfte Tag, seitdem ich in den Hörsaal gehe und ihm von der achten Stunde an bei seinen Disputationen zuhöre. „In gutem Alter!", magst du ironisch sagen. Warum sollte es kein gutes Alter sein? Was aber ist dümmer als, weil man lange nicht gelernt hat, überhaupt nicht zu lernen?

Selbst Philosoph, gehen Sie zu einem anderen Philosophen gewissermaßen in die Lehre? Kostet Sie das nicht Überwindung?

Ad philosophum ire erubescam? Tam diu discendum est, quamdiu nescias; si proverbio credimus: quamdiu vivas. Nec ulli hoc rei magis convenit quam huic: tam diu discendum est, quemadmodum vivas, quamdiu vives. (ep. 76, 2f.)

Soll ich mich dafür schämen, dass ich zu einem Philosophen gehe? Man muss so lange lernen, wie man etwas nicht weiß. Wenn wir dem Sprichwort Glauben schenken, heißt das: solange man lebt. Auf keinen anderen Lerngegenstand aber trifft das mehr zu als auf diesen: Man muss so lange lernen, wie man zu leben hat, wie man lebt.

Fällt es jemandem, der gern Lehrer ist, nicht schwer, wieder in die Schülerrolle zu schlüpfen?

Ego tamen illic aliquid et doceo. Quaeris, quid doceam? Etiam seni esse discendum. (ep. 76, 3)

Ich lehre ja auch dort durchaus etwas. Du fragst, was ich lehre? Dass man auch als Greis lernen muss.

Ihr Seniorenstudium ist also eine beglückende Erfahrung auf der ganzen Linie? Oder gibt es gelegentlich auch Unerquickliches?

Pudet me generis humani, quotiens scholam intravi. Praeter ipsum theatrum Neapolitanum transeundum est Metronactis petenti domum. Illud quidem fartum est et ingenti studio, quis sit pythaules bonus, iudicatur. At in illo loco, in quo vir bonus quaeritur, in quo vir bonus discitur, paucissimi sedent, et hi plerisque videntur nihil boni negotii habere, quod agant: inepti et inertes vocantur. (ep. 76, 4)

Ich schäme mich für das Menschengeschlecht jedes Mal, wenn ich in den Hörsaal trete. Wer das Haus des Metronax aufsucht, muss ja direkt am Theater der Neapolitaner vorbeigehen. Das ist gerammelt voll, und mit gewaltiger Leidenschaft wird darüber gestritten, wer ein guter Flötenspieler ist. Aber an dem anderen Ort, wo untersucht wird, wer ein sittlich guter Mensch ist, wo man lernt, ein sittlich guter Mensch zu sein, da sitzen nur ganz wenige. Und die scheinen den meisten nichts Vernünftiges zu tun zu haben: Sie werden als Dummköpfe und Faulenzer beschimpft.

Einschließlich der ja notorisch emsigen Seniorenstudenten? Trifft Sie das?

Mihi contingat iste derisus – aequo animo audienda sunt imperitorum convicia. (ep. 76, 4)

Mir kann dieser Spott ruhig widerfahren. Beschimpfungen durch Unwissende muss man mit Gleichmut ertragen.

Haben Sie diesen Gleichmut auch, wenn Sie daran denken, dass unser Leben endlich ist? Oder verwenden Sie Ihre Gedanken lieber darauf, wie sich das Leben im Alter „strecken" lässt?

Potest frugalitas producere senectutem, quam ut non puto concupiscendam, ita ne recusandam quidem. (ep. 58, 32)

Eine solide Lebensführung mit Maßhalten kann durchaus dazu beitragen, das Alter zu verlängern. Ich halte das Alter zwar nicht für unbedingt erstrebenswert, aber man sollte es auch nicht gering schätzen.

Welchen Wunsch haben Sie an das Alter?

Iucundum est secum esse quam diutissime, cum quis se dignum, quo frueretur, effecit. (ep. 58, 32)

Es ist angenehm, so lange wie möglich mit sich selbst beisammen zu sein, wenn man es geschafft hat, es wert zu sein, dass man an sich selbst Freude empfindet.

Und welchen Wunsch haben Sie an die letzte Phase des Lebens, den Übergang vom Alter zum Tod?

Si cui contigit, ut illum senectus leniter emitteret non repente avulsum vitae, sed minutatim subductum: o ne ille agere gratias diis omnibus debet, quod satiatus ad requiem homini necessariam, lasso gratam perductus est. (ep. 30, 12)

Wenn es einem beschieden ist, dass ihn das Alter sanft entlässt, ihn nicht plötzlich dem Leben entreißt, sondern ihn dem Leben allmählich entzieht – dann sollte er fürwahr allen Göttern danken, dass er nach einem erfüllten Leben zur Ruhe geführt worden ist. Sie ist dem Menschen notwendigerweise bestimmt und dem Müden willkommen.

Belastet es Sie, dass Ihnen aller Wahrscheinlichkeit nach nicht mehr allzu viele Lebensjahre beschieden sein werden?

Quid refert? Non dinumerantur anni. Incertum est, quo loco te mors expectet. Itaque tu illam omni loco expecta! (ep. 26, 7)

Was kommt es darauf an? Die Jahre werden nicht abgezählt. Es ist ungewiss, wo dich der Tod erwartet. Deshalb erwarte du ihn an jedem Ort!

GLAUBWÜRDIGKEIT TROTZ REICHTUMS?
„Wenn ich mal an einem Narren Spaß haben will,
lache ich über mich selbst ..."

Erlauben Sie uns, eine heikle Frage anzuschneiden. Sie setzen sich vehement dafür ein, den Reichtum gering zu schätzen – und dabei sind Sie mit 300 Millionen Sesterzen einer der reichsten Römer überhaupt. Da scheint sich eine Kluft zwischen Theorie und Praxis aufzutun.

> *Desine philosophis pecunia interdicere; nemo sapientiam paupertate damnavit.* (vita beata 23, 1)

Hör auf, den Philosophen das Geld zu verbieten; niemand hat die Weisheit zur Armut verurteilt.

Das ist uns mit Verlaub zu wenig argumentativ. Sind Sie dünnhäutig, weil einschlägige Vorhaltungen nicht so ganz neu für Sie sind?

> *Aliter loqueris, aliter vivis – hoc, malignissima capita et optimo cuique inimicissima, Platoni obiectum est, obiectum Epicuro, obiectum Zenoni. Omnes enim isti dicebant non quemadmodum ipsi viverent, sed quemadmodum esset ipsis vivendum.* (vita beata 18, 1)

Auf die eine Weise sprichst du, auf die andere Weise lebst du – das ist der böswilligste Hauptvorwurf und gerade für die Besten der feindseligste überhaupt. Man hat ihn Platon gemacht, man hat ihn Epikur gemacht, man hat ihn Zenon gemacht. Sie alle sprechen ja nicht darüber, wie sie leben, sondern wie sie selber leben müssten.

Eine Unterscheidung zwischen Lehre und Leben, die menschlich verständlich sein mag, aber dem hohen Anspruch der Philosophie – auch Ihrem eigenen – zuwiderzulaufen scheint.

> *De virtute, non de me loquor, et cum vitiis convicium facio, in primis meis facio. Cum potuero, vivam, quomodo oportet.* (vita beata 18, 1)

Ich spreche über die sittliche Vollkommenheit, nicht über meine Person. Und wenn ich mit Charakterschwächen ins Gericht gehe, dann vor allem mit meinen eigenen. Wenn ich kann, werde ich so leben, wie es notwendig ist.

Eine Selbstkritik, die ebenso deutlich wie hilfreich für Ihre Glaubwürdigkeit ist. Müssen Sie trotz solch offener Worte böse Zungen ertragen?

> *Nec malignitas me ista multo veneno tincta deterrebit ab optimis; ne virus quidem istud me impediet, quo minus perseverem laudare*

vitam non quam ago, sed quam agendam scio, quo minus virtutem adorem et ex intervallo ingenti reptabundus seqar. (vita beata 18, 2)
Eure mit viel Gift getränkte Bosheit wird mich nicht vom Besten abschrecken. Auch wird mich euer böses Gift nicht daran hindern, das Leben weiterhin zu preisen – nicht das, das ich führe, sondern das, von dem ich weiß, dass ich es führen müsste – und die sittliche Vollkommenheit anzubeten und ihr zu folgen, wenn auch kriechend und in riesiger Entfernung.

Sie sehen sich selbst also vom Ideal des Weisen durchaus noch ein Stück entfernt?

Non sum sapiens et, ut malivolentiam tuam pascam, nec ero. Exige itaque a me, non ut optimis par sim, sed ut malis melior. Hoc mihi satis est: cotidie aliquid ex vitiis meis demere et errores meos obiurgare. (vita beata 17, 3)
Ich bin kein Weiser und, um dein Übelwollen zu bedienen, werde auch keiner sein. Fordere also nicht von mir, den Besten gleich zu sein, sondern besser als die Schlechten zu sein. Das reicht mir: täglich etwas von meinen Charakterschwächen wegzunehmen und mich mit meinen Fehlhaltungen sehr kritisch auseinanderzusetzen.

Das ist vermutlich ein mühevoller Prozess?

Nemo difficulter ad naturam reducitur. Nec indurata despero; nihil est, quod non expugnet pertinax opera et intenta ac diligens cura. Robora in rectum quamvis flexa revocabis; quanto facilius animus accipit formam, flexibilis et omni umore obsequentior! (ep. 50, 5f.)
Keiner wird unter Schwierigkeiten zur Natur zurückgebracht. Und auch wenn etwas sich verfestigt hat, verzweifle ich nicht daran. Es gibt nichts, das hartnäckige Anstrengung und angespanntes, umsichtiges Bemühen nicht überwinden könnten. Holz lässt sich, wie verbogen es auch sein mag, gerade biegen – um wie viel leichter nimmt der Geist Gestaltung an, der formbar ist und folgsamer als jede Flüssigkeit!

Das hört sich so leicht ab, wirkt aber trotzdem, verzeihen Sie, etwas gequält. Kann Seneca eigentlich auch gelegentlich über Seneca lachen?

Si quando fatuo delectari volo, non est mihi longe quaerendus: me rideo. (ep. 50, 2)
Wenn ich mal an einem Narren Spaß haben will, brauche ich ihn nicht lange zu suchen: Ich lache über mich selbst.

Na gut. Vielleicht kommen wir noch einmal auf den Reichtum des Weisen, pardon: des auf dem Wege zum Weisen Befindlichen zurück. Warum nennt er ihn verachtenswert und trennt sich trotzdem nicht von ihm?

> *Vitam contemnendam putat et tamen vivit. Valetudinem contemnendam putat et tamen illam diligentissime tuetur. Ait ista debere contemni, non ne habeat, sed ne sollicitus habeat. Non abigit illa a se, sed abeuntia securus prosequitur.* (vita beata 21, 1f.)

Er hält das Leben für verachtenswert – und lebt trotzdem. Er hält die Gesundheit für verachtenswert – und achtet trotzdem mit großer Sorgfalt auf sie. Er sagt, diese Dinge seien zu verachten, nicht, um sie nicht zu haben, sondern um sie nicht voller Sorge zu haben. Er treibt sie nicht von sich fort, aber er begleitet ihren Weggang, ohne in Sorge zu geraten.

Damit bewegen Sie sich, wenn wir Sie richtig verstehen, im Rahmen der stoischen *indifferentia*-Lehre – dass man Dinge, die äußerlich als Güter gelten, vorzieht, wenn man sie haben kann, dass sie aber gleichwohl unerheblich für das wahre Glück sind?

> *Sapiens non amat divitias, sed mavult; non in animum illas, sed in domum recipit, nec respuit possessas, sed continet et maiorem virtuti suae materiam sumministrari vult.* (vita beata 21, 4)

Der Weise liebt den Reichtum nicht, sondern er zieht ihn vor; er nimmt ihn nicht in sein Herz, sondern in sein Haus auf; er hält ihn zusammen und will, dass er für seine sittliche Vervollkommnung eine größere materielle Basis zur Verfügung stellt.

Der Weise beziehungsweise der sich der Weisheit Nähernde braucht sich seines Reichtums also nicht zu schämen. Oder?

> *Ita dico: si tuto et securus scrutationem populo praebuerit, si nihil quisquam apud illum invenerit, quoi manus iniciat, audacter et propalam erit dives.* (vita beata 23, 3)

Ich sage klipp und klar: Wenn er allen Leuten sicher und sorglos eine genaue Untersuchung gestattet und wenn niemand bei ihm etwas findet, das er als sein Eigentum beanspruchen könnte, dann kann er mutig und vor aller Augen reich sein.

Geld aus dunklen Kanälen ist tabu?

> *Sapiens nullum denarium intra limen suum admittet male intrantem. Idem magnas opes, munus fortunae fructumque virtutis, non repudiabit nec excludet.* (vita beata 23, 3)

Der Weise wird keinen Euro über seine Schwelle lassen, der moralisch schlecht bei ihm eintritt. Er wird aber auch großen Reichtum, das Geschenk des Schicksals und die Frucht seiner Tüchtigkeit, nicht zurückweisen und aussperren.

Hätten Sie Verständnis dafür, dass der eine oder andere Ihnen trotz theoretisch stimmiger Argumentation ein gewisses Glaubwürdigkeitsdefizit in Ihrem praktischen „Lebensvollzug" bescheinigt?

Studiorum salutarium etiam citra effectum laudanda tractatio est.

Quid mirum, si non escendunt in altum ardua aggressi? (vita beata 20, 1f.)

Bei Anstrengungen, die auf das Heil der Seele zielen, muss man die Bemühung loben, auch wenn sie nicht zum Erfolg führt. Was ist erstaunlich daran, wenn die, die sich in steiles Gelände wagen, den Gipfel nicht erreichen?

NACHTMENSCHEN
„In Rom wird die ganz normale Nichtsnutzigkeit nicht zum Stadtgespräch ..."

Dürfen wir raten? Sie halten nichts von Nachtschwärmern, von Leuten, die gern „durchmachen" und sich dann am Tage ausschlafen?

Turpis, qui alto sole semisomnus iacet, cuius vigilia medio die incipit; et adhuc multis hoc antelucanum est. Sunt, qui officia lucis noctisque perverterint nec ante diducant oculos hesterna graves crapula, quam appetere nox coepit. (ep. 122, 1f.)

Schande über den, der, wenn die Sonne hoch am Himmel steht, noch im Halbschlaf liegt, dessen Wachsein erst mitten am Tage beginnt! Und selbst das ist für viele „vor Tagesanbruch". Es gibt Menschen, die bei ihrem Tun Tag und Nacht vertauschen und ihre Augen, schwer vom Rausch der vergangenen Nacht, nicht eher aufkriegen, als bis die Nacht wieder hereinbricht.

Dachten wir's uns doch. Aber inwiefern ist das in Ihren Augen pervers?

Quis umquam oculos tenebrarum causa habuit? (ep. 122, 4)

Wer hätte jemals Augen gehabt, um im Dunkeln zu sehen?

Also ein Verhalten gewissermaßen gegen die natürliche Ordnung – für Stoiker, die „der Natur gemäß leben" wollen, ein Affront. Was, meinen Sie, treibt diese Nachtschwärmer zu diesem aus Ihrer Sicht naturwidrigen Leben?

Interrogas, quomodo haec animi pravitas fiat aversandi diem et totam vitam in noctem transferendi? Omnia vitia contra naturam pugnant, omnia debitum ordinem deserunt; hoc est luxuriae propositum: gaudere perversis nec tantum discedere a recto, sed quam longissime abire, deinde etiam e contrario stare. (ep. 122, 5)

Du willst wissen, wie es zu dieser geistigen Verdrehtheit kommt, den Tag abzulehnen und das ganze Leben auf die Nacht zu verlagern? Alle charakterlichen Fehlhaltungen kämpfen gegen die Natur, sie alle verlassen die uns aufgegebene Ordnung. Das ist das Anliegen der Genusssucht: an Perversem Spaß zu haben und nicht nur vom Richtigen abzuweichen, sondern sich möglichst weit davon zu entfernen und dann sogar grundsätzlich eine Gegenposition einzunehmen.

Hört sich ja fast nach einer Protestbewegung an. Gar nicht so unsympathisch, finden wir. Warum nicht mal den *mainstream* verlassen? Oder wo sehen Sie die Motive der „Nacht-Protestler"?

Causa praecipua mihi videtur huius morbi vitae communis fastidium. Quomodo cultu se a ceteris distinguunt, quomodo elegantia cenarum, munditiis vehiculorum, sic volunt separare etiam temporum dispositiones. (ep. 122, 18)

Der Hauptgrund für diese krankhafte Einstellung scheint mir der Überdruss am üblichen, normalen Lebenswandel zu sein. So wie sie sich von den anderen in der Kleidung unterscheiden, in der Vornehmheit ihrer Mahlzeiten und der Eleganz ihrer Fahrzeuge, so wollen sie auch in der Zeiteinteilung etwas Besonderes haben.

Distinktionsbedürfnisse scheinen uns allzu menschlich. Muss man das wirklich in die Kategorie „unnatürlich" einordnen?

Non vivunt contra naturam, qui hieme concupiscunt rosam fomentoque aquarum calentium et locorum apta mutatione bruma lilium florem vernum primarium exprimunt? Non vivunt contra naturam, qui fundamenta thermarum in mari iaciunt et delicate natare ipsi sibi videntur, nisi calentia stagna fluctu ac tempestate feriantur? (ep. 122, 8)

Leben nicht diejenigen gegen die Natur, die im Winter Rosen haben wollen und mit Umschlägen gewissermaßen aus warmem Wasser und geschicktem Umpflanzen in der Winterzeit eine Lilie zwangsweise zu einer frühen Frühlingsblume machen? Leben nicht diejenigen gegen die Natur, die die Grundmauern ihrer Badeanlage im Meer anlegen lassen und in ihrer snobistischen Einstellung nicht richtig zu schwimmen scheinen, wenn ihre aufgewärmten Swimmingpools nicht von Brandung und Sturm gepeitscht werden?

Aus moderner ökologischer Sicht können wir Ihnen nicht widersprechen. Beides ist Energieverschwendung pur, und zwar unnatürliche. Da dürfte Ihnen nicht nur mancher grün angestrichene Zeitgenosse zustimmen. Ob aber die Parallele zu den Nachtschwärmern trägt, erscheint uns fraglich. Aber bleiben wir bei denen. Kann man diese „Nachtvögel" an irgendetwas erkennen?

Istorum corpora, qui se tenebris dicaverunt, foeda visuntur. Quippe suspectior illis quam morbo pallentibus color est, languidi et evanidi albent, et in vivis caro morticina est. Hoc tamen minimum in illis malorum dixerim. (ep. 122, 4)

Scheußlich sehen die Körper der Leute aus, die sich der Dunkelheit verschrieben haben. Noch verdächtiger als bei denen, die aufgrund einer Krankheit blass sind, ist ja bei ihnen die Gesichtsfarbe. Matt und kraftlos welken sie dahin, und ihr Fleisch sieht aus wie bei lebenden Leichen. Und doch ist das das geringste Übel an ihnen, möchte ich meinen.

Und was ist schlimmer?

Quanto plus tenebrarum in animo est! Ille in se stupet, ille caligat, invidet caecis. Isti mihi defunctorum loco sunt: quantulum enim a funere et quidem acerbo, qui ad faces et cereos vivunt? (ep. 122, 4 und 10)

Um wie viel finsterer sieht es in ihrem Inneren aus! Diese Typen sind in sich betäubt und leben in totaler Finsternis, neidisch selbst auf Blinde. Für mich sind diese Leute praktisch gestorben. Denn wie nah sind sie einem Begräbnis, einem bitteren noch dazu, die nur im Schein von Fackeln und Kerzen leben?

Wollen die nicht anders leben, oder können sie es nicht?

Causa est ita vivendi quibusdam, non quia aliquid existiment noctem ipsam habere iucundius, sed quia nihil iuvat oblatum et gravis malae conscientiae lux est et omnia concupiscenti aut contemnenti prout magno aut parvo empta sunt, fastidio est lumen gratuitum. (ep. 122, 14)

Der Grund für manch einen, so zu leben, ist nicht die Überzeugung, nachts lebe es sich besser, sondern die Tatsache, dass ihnen nichts Freude macht, was sie einfach so haben können. Außerdem erträgt ihr schlechtes Gewissen das Sonnenlicht kaum. Und bei ihrer Einstellung, dass sie alles nach dem Kriterium begehren oder verachten, ob es teuer oder billig ist, ekelt sie das kostenlose Tageslicht an.

Aber sie gehen mit ihrem – aus Ihrer Sicht widernatürlichen – Lebensrhythmus auch ganz offensiv um, hat man den Eindruck.

Luxuriosi vitam suam esse in sermonibus, dum vivunt, volunt. Nam si tacetur, perdere se putant operam. Ut inter istos nomen invenias, opus est non tantum luxuriosam rem, sed notabiliorem facere: in tam occupata civitate fabulas vulgaris nequitia non invenit. (ep. 122, 14)

Die Luxusjünger wollen, solange sie leben, mit ihrer Lebensweise im Gespräch sein. Wird sie nämlich mit Schweigen übergangen, glauben sie, die ganze Mühe sei umsonst. Wenn du dir in diesen Kreisen einen Namen machen willst, reicht es nicht, in Luxus zu schwelgen – du brauchst noch etwas, das besonderes Aufsehen erregt. In einer so geschäftigen Stadt wie Rom wird die ganz normale Nichtsnutzigkeit nicht zum Stadtgespräch.

Was Sie nicht mögen, ist deutlich geworden. Wo bleibt das Positive?

Extendamus vitam! Circumscribatur nox et aliquid ex illa in diem transferatur! (ep. 122, 3)

Verlängern wir das Leben! Verkürzen wir die Nacht und nehmen von ihr etwas in den Tag hinüber!

ERZIEHUNG

„Wir wollen mal die Zügel, mal die Sporen gebrauchen ..."

Sie haben sich bei Ihren umfangreichen philosophischen Forschungen zum Phänomen des Zorns auch mit Fragen der Pädagogik beschäftigt. Das interessiert uns. Junge Menschen neigen zu heftigen Gefühlsausbrüchen, nicht wenige von ihrer Anlage her. Was ist zu tun?

Naturam quidem mutare difficile est, nec licet semel mixta nascentium elementa convertere. Sed in hoc nosse profuit, ut calentibus ingeniis subtrahas vinum, quod pueris Plato negandum putat et ignem vetat igne incitari. (de ira II 20, 2)

Es stimmt: Den Charakter zu ändern ist schwierig, und es ist nicht möglich, die einmal bei der Geburt hergestellte Mischung der Elemente zu verändern. Aber in diesem Punkt ist es nützlich zu wissen, dass man hitzigen Charakteren den Wein entziehen sollte. Platon ist der Meinung, dass man ihn Knaben ganz und gar vorenthalten müsse. Er verbietet, Feuer mit Feuer weiter anzufachen.

Scheint uns vernünftig zu sein. Aber Sie setzen sicher nicht nur auf Restriktionen, um Hitzköpfen etwas Feuer zu nehmen?

Lusus quoque proderunt; modica enim voluptas laxat animos et temperat. (de ira II 20, 3)

Auch Spiele werden von Nutzen sein. Denn ein maßvolles Vergnügen entspannt den Geist und macht ihn ausgeglichen.

Es gibt ja auch andere Anlagen – die zurückhaltenden, ängstlichen, schüchternen Typen. Auch hier keine homöopathische Erziehung?

Remediis utendum est nec dissimillimis tantum ista, sed contrariis curanda sunt, semper ei occurremus, quod increverit. (de ira II 20, 4)

Man muss zu Heilmitteln greifen, und zwar sind solche Veranlagungen nicht nur mit (gegenüber den aufbrausenden Typen) sehr verschiedenen, sondern geradezu gegensätzlichen Mitteln zu behandeln. Wir werden stets dem entgegentreten, was schon herangewachsen ist.

Erziehung ist kein Selbstläufer ...

Plurimum, inquam, prodest pueros statim salubriter institui. Difficile autem regimen est, quia dare debemus operam, ne aut iram in illis nutriamus aut indolem retundamus. (de ira II 21, 1)

Ich sage dir: Am meisten wird es bringen, die Kinder von Anfang an mit vernünftigen Erziehungsmethoden zu begleiten. Freilich ist die Lenkung schwierig, weil wir achtgeben müssen. Wir dürfen weder einen aufbrausenden Charakter fördern, noch dürfen wir ihre Anlage abstumpfen.

Also Bremse *und* Gas bei der Erziehung?

Modo frenis utamur, modo stimulis. (de ira II 21, 3)

Wir wollen mal die Zügel, mal die Sporen gebrauchen.

Kann Konkurrenz hilfreich sein? Was hält Seneca von einem kompetitiven Pädagogik-Ansatz?

In certaminibus aequalium nec vinci illum patiamur nec irasci; demus operam, ut familiaris sit iis, cum quibus contendere solet, ut in certamine assuescat non nocere velle, sed vincere. Quotiens superaverit et dignum aliquid laude fecerit, attolli, non gestire patiamur. Gaudium enim exultatio, exultationem tumor et nimia aestimatio sui sequitur.

(de ira II 21, 5)

Bei Wettkämpfen mit Gleichaltrigen wollen wir nicht zulassen, dass sich unser Zögling besiegen lässt, aber auch nicht, dass er in Zorn gerät. Wir wollen uns Mühe geben, dass er denen, mit denen er häufig im Wettstreit steht, kameradschaftlich begegnet und dass er sich beim Wettkampf daran gewöhnt, nicht schaden, sondern siegen zu wollen. Immer wenn er gesiegt oder irgendetwas Lobenswertes vollbracht hat, wollen wir erlauben, dass er stolz auf sich ist, aber nicht, dass er sich übermütig freut. Denn Freude hat Jubel und Jubel hat Aufgeblasenheit und eine zu hohe Wertschätzung der eigenen Person im Gefolge.

Wer in eine wohlhabende Familie hineingeboren wird, sollte am guten Leben seiner Eltern teilhaben, finden wir. Stimmen Sie zu?

Dabimus aliquod laxamentum, in desidiam vero otiumque non resolvemus et procul a contactu deliciarum retinebimus. Unicis quo plus indulgetur pupillisque quo plus licet, corruptior animus est. (de ira II 21, 6)

Wir werden ihm ein gewisses Maß an Entspannung gönnen, Trägheit aber und Müßiggang werden wir nicht einreißen lassen. Und wir werden ihn weit entfernt halten vom Kontakt mit Komfort und Luxus. Je mehr man Einzelkindern nachsieht, je mehr man unmündigen Kindern erlaubt, umso verdorbener werden sie.

Die Kinder demnach nicht in Watte packen und auch schon mal ein klares Nein sagen?

Non resistet offensis, cui nihil umquam negatum est, cuius lacrimas sollicita mater abstersit, cui de paedagogo satisfactum est. (de ira II 21, 6)

Derjenige wird nicht in unangenehmen Situationen bestehen, dem nie ein Wunsch abgeschlagen worden ist, dessen Tränen eine allzeit besorgte Mutter abgewischt hat, dem gegen seinen Erzieher immer recht gegeben worden ist.

Ein paar pädagogische Grundsätze, die Seneca Kindern und Eltern mit auf den Weg gibt?

Longe ab assentatione pueritia removenda est, audiat verum. Et timeat interim, vereatur semper, maioribus assurgat. Nihil per iracundiam exoret; quod flenti negatum fuerit, quieto offeratur. (de ira II 21, 8)

Ständige Schmeichelei und Zustimmung muss man von Kindern weit entfernt halten; sie sollen die Wahrheit hören. Furcht soll das Kind gelegentlich empfinden, Ehrfurcht stets, und vor Älteren soll es aufstehen. Mit Jähzorn soll es nichts ertrotzen. Was man seinen Tränen versagt hat, soll es bekommen, wenn es sich beruhigt hat.

Wohlhabende Eltern – verwöhnte Kinder. Diese Gleichung findet man nicht selten. Wenn wir Sie vorhin richtig verstanden haben, sollte man sie vermeiden.

Tenuis ante omnia victus sit et non pretiosa vestis et similis cultus cum aequalibus. Non irascetur aliquem sibi comparari, quem ab initio multis parem feceris. (de ira II 21, 11)

Wichtig sind vor allem Bescheidenheit beim Essen und Trinken, keine kostspielige Kleidung und ein Lebensstil wie bei Gleichaltrigen. Derjenige wird später nicht in Zorn geraten, dass ihm jemand verglichen wird, den du von Anfang an vielen gleichgestellt hast.

Eltern scheinen nicht immer die idealen Erzieher zu sein. Sollte man außenstehende Personen an der Erziehung beteiligen?

Pertinebit ad rem praeceptores paedagogosque pueris placidos dari; proximis applicatur omne, quod tenerum est et in eorum similitudinem crescit. Apud Platonem educatus puer cum ad parentes relatus vociferantem videret patrem: „Numquam", inquit, „hoc apud Platonem vidi." (de ira II 21, 9)

Es wird sehr sachdienlich sein, den Kindern umgängliche Lehrer und Erzieher zu geben. Alles, was zart ist, orientiert sich an dem, was ihm am nächsten ist, und wächst zu einer Ähnlichkeit damit heran. Ein bei

Platon erzogener Junge rief, als er zu seinen Eltern zurückgekehrt war und seinen Vater streiten sah, aus: „Niemals habe ich so etwas bei Platon erlebt!"

Und wer hatte letztlich den größeren Einfluss?

Non dubito, quin citius parentem imitatus sit quam Platonem. (de ira II 21, 10)

Ich habe keinen Zweifel daran, dass er seinen Vater schneller nachgeahmt hat als Platon.

MOBBING

„Keiner gibt Anlass zu Gelächter, der über sich selbst lachen kann ..."

Vielen Mächtigen fällt es schwer, über sich selbst auch mal zu lachen. Aber austeilen können sie gut. Nehmen wir Kaiser Caligula ...

... Caius Caesar inter cetera vitia, quibus abundabat, contumeliosus, mira libidine ferebatur omnes aliqua nota feriendi, ipse materia risus benignissima: tanta illi palloris insaniam testantis foeditas erat, tanta oculorum sub fronte anili latentium torvitas. Adice obsessam saetis cervicem et exilitatem crurum et enormitatem pedum ... (const. sap. 18, 1)

... Gaius Iulius, der war zu allen Schwächen, von denen er reichlich hatte, ausgesprochen schmähsüchtig. Mit einer merkwürdigen Sucht ließ er sich dazu hinreißen, alle Leute mit einer hämischen Bemerkung zu treffen – obwohl er selbst ein höchst ergiebiges Spottobjekt war mit seinem hässlich-blassen Teint, der von seinem Wahnsinn zeugte, und dem grimmigen Blick seiner Augen, die sich unter einer Altweiberstirn versteckten. Nimm seinen von Borsten besetzten Nacken hinzu, seine dünnen Beinchen und seine riesigen Füße ...

Oho, Sie wissen ja bestens Bescheid. Haben Sie vielleicht auch ein konkretes Beispiel für seine Häme?

Asiaticum Valerium in primis amicis habebat. Huic in convivio, id est in contione, voce clarissima, qualis in concubitu esset uxor eius, obiecit. Di boni! Hoc virum audire! Et usque eo licentiam pervenisse, ut, non dico consulari, non dico amico, sed tantum marito princeps et adulterium suum narret et fastidium! (const. sap. 18, 2)

Zu seinen engsten Freunden gehörte Asiaticus Valerius. Dem hielt er mal bei einem Gastmahl, also vor versammelter Mannschaft, mit unüberhörbarer Stimme vor, wie sich seine Frau im Bett benommen habe. Gute Götter! Dass sich der Mann das anhören musste! Und die Unverschämtheit ging so weit, dass er als Kaiser – ich sage nicht: einem ehemaligen Konsuln, ich sage nicht: einem Freund, sondern nur: dem Ehemann von seinem Ehebruch berichtete – und gleichzeitig von seiner Enttäuschung!

Bemerkenswert – auch, wie gut Sie sich auskennen! Als Prinzenerzieher bekommt man wohl auch eine Menge Hofklatsch mit. Sie wissen sicher auch, wie Caligula reagierte, wenn er selbst mal Gegenstand des Spotts war.

Idem Caius omnia contumelias putabat, ut sunt ferendarum impatientes faciendarum cupidissimi. (const. sap. 18, 4)

Er selbst hielt alles für eine Kränkung. Aber so verhält es sich ja bei Leuten, die mit größter Leidenschaft austeilen: Sie selbst sind nicht in der Lage einzustecken.

Mobbing soll auch Philosophen widerfahren. Und Menschen, die auf dem Wege zur Weisheit sind. Wie sollen die damit umgehen?

Respiciamus eorum exempla, quorum laudamus patientiam, ut Socratis, qui comoediarum publicatos in se et spectatos sales in partem bonam accepit risitque non minus quam cum ab uxore Xanthippe immunda aqua perfunderetur. (const. sap. 19, 1)

Blicken wir zurück und nehmen uns diejenigen zum Vorbild, deren Geduld wir preisen. Sokrates zum Beispiel, der die auf ihn gemünzten und im Theater vorgeführten Witze der Komödiendichter hinnahm und darüber lachte – nicht anders, als wenn er von seiner Frau Xanthippe mit Abwaschwasser übergossen wurde.

Also runterschlucken und gute Miene zum bösen Spiel machen?

Non est in rixam colluctationemque veniendum. Procul auferendi pedes sunt, et quicquid horum ab imprudentibus fiet (fieri autem nisi ab imprudentibus non potest) neglegendum. (const. sap. 19, 2)

Man darf es nicht zu Zank und Streit kommen lassen. Weit muss man sich zurückziehen, und wenn einem irgendetwas dieser Art von unvernünftigen Zeitgenossen widerfährt, darf man dem keine Beachtung schenken. Denn außer von Unvernünftigen kann so etwas nicht kommen.

Aber nagt es nicht doch am Selbstwertgefühl, wenn man spöttische Bemerkungen über das eigene Aussehen zu hören bekommt?

Et quid est illud, quod contumelia dicitur? In capitis mei levitatem iocatus est et in oculorum valetudinem et in crurum gracilitatem et in staturam – quae contumelia est, quod apparet, audire? (const. sap. 16, 4)

Was ist das denn, das man eine Beleidigung nennt? Da hat einer einen Witz gerissen über meine Glatze oder meine Augenkrankheit, über meine dünnen Beine und meinen Körperbau – was ist das denn für eine Beleidigung, ebendas zu hören, was doch eh offenkundig ist?

Und was ist mit dem „Nachäffen" unseres Auftretens oder gar körperlicher Anomalien? Die meisten Menschen mögen solche Respektlosigkeiten gar nicht.

Quid, quod offendimur, si qui sermonem nostrum imitatur, si quis incessum, si quis vitium aliquod corporis aut linguae exprimit? Quasi notiora illa fiant alio imitante quam nobis facientibus! (const. sap. 17, 2)

Wie? Wir nehmen Anstoß daran, wenn einer unsere Redeweise nachahmt, wenn er unseren Gang, wenn er irgendeine Unzulänglichkeit unseres Körpers oder unserer Sprache imitiert? Als würden solche Dinge dadurch bekannter, dass ein anderer sie nachäfft, als dass wir selbst sie tun!

Auch ältere Menschen sind nicht frei von Eitelkeit ...

Senectutem quidam inviti audiunt et canos et alia ad quae voto pervenitur ... (const. sap. 17, 2)

Ja, manche Leute hören ungern von ihrem Alter und ihren grauen Haaren und anderen Dingen, zu denen man sonst auf eigenen Wunsch kommt ...

Senecas Empfehlung, damit umzugehen?

Materia petulantibus et per contumeliam urbanis detrahitur, si ultro illam et prior occupes: nemo risum praebuit, qui ex se cepit. (const. sap. 17, 2)

Den Lästermäulern und Mobbing-Witzbolden wird der Stoff entzogen, wenn du ihn von dir aus und als Erster in Beschlag nimmst. Niemand hat je zu Gelächter Anlass gegeben, der über sich selbst lachen konnte.

Nehmen wir an, diese Taktik funktioniert nicht. Wie reagieren Sie dann? Wir vermuten: cool.

Genus ultionis est eripere ei, qui fecit, factae contumeliae voluptatem. Solent dicere: „O miserum me! Puto, non intellexit." Adeo fructus contumeliae in sensu et indignatione patientis est. (const. sap. 17, 4)

Eine Art der Rache ist es, dem, der sich auf deine Kosten lustig gemacht hat, den Spaß an der Beleidigung zu verderben. Da pflegen sie dann zu sagen. „Oh je! Ich glaube, er hat's gar nicht kapiert!" So sehr liegt der Erfolg einer Kränkung in der empörten Wahrnehmung dessen, der sie erleidet.

Wenn nun die Mobber zu rabiateren Mitteln greifen und Ihnen, weil die verbale Attacke bei Ihnen keinen Erfolg hatte, sagen wir eine Ohrfeige verpassen? Was wird der weise Seneca dann tun?

Quod Cato, cum illi os percussum esset: non excanduit, non vindicavit iniuriam, ne remisit quidem, sed factam negavit. Maiore animo non agnovit quam ignovisset. (const. sap. 14, 3)

Dasselbe, was Cato getan hat, als ihm einmal ins Gesicht geschlagen worden war: Er ist nicht aufgebraust, er hat sich für das „Unrecht" nicht gerächt, er hat es nicht einmal verziehen, sondern einfach bestritten, dass es ihm widerfahren sei. Es nicht als solches anzuerkennen zeigte größere Haltung, als wenn er es entschuldigt hätte.

SPIELE, SPASS UND FESTE

„Sokrates war es nicht peinlich, mit kleinen Knaben zu spielen …"

Wir haben ein bisschen Sorge, dass Sie für dieses Thema nicht gerade der ideale Gesprächspartner sind: Wir möchten mit Ihnen über vergnügliche Auflockerungen des Alltags sprechen, haben aber im Ohr, dass Sie allem, was mit Genuss zusammenhängt, nicht ganz so aufgeschlossen gegenüberstehen. Wir fallen trotzdem mit der Tür ins Haus: Empfindet der Weise überhaupt Vergnügen? *Darf* er es empfinden?

Sapientium remissae voluptates et modestae ac paene languidae sunt compressaeque et vix notabiles, ut quae neque accersitae veniant nec, quamvis per se accesserint, in honore sint neque ullo gaudio percipientium exceptae. Miscent enim illas et interponunt ut ludum iocumque inter seria. (vita beata 12, 2)

Die Vergnügungen der Weisen sind zurückhaltend, maßvoll, beinahe träge. Sie sind unterdrückt und kaum zu bemerken, da sie ja ungerufen kommen und, auch wenn sie sich von selbst eingestellt haben, nicht in Ehren gehalten werden und ohne irgendeine Freude von denen, die sie empfinden, aufgenommen werden. Denn die Weisen mischen sie gewissermaßen und fügen sie wie Spiel und Scherz unter die ernsten Dinge des Lebens.

So eine Antwort hatten wir erwartet. Aber wir geben noch nicht auf, denn vor dem vollendeten Weisen liegen ja noch Fortgeschrittenen-Stadien, die vielleicht etwas fröhlicher daherkommen. Und Sie selbst erheben ja keineswegs den Anspruch, zu den Weisen zu gehören. Nehmen wir Festtage wie die Saturnalien, an denen es traditionell hoch hergeht. Entzieht sich der Weise oder „Halb-Weise" dem jecken Treiben ganz und gar?

December est mensis: cum maxime civitas sudat. Ius luxuriae publice datum est. (ep. 18, 1)

Der Dezember ist da: Da gerät die Bürgerschaft mächtig ins Schwitzen. Das Recht zur Ausschweifung wird geradezu amtlich gewährt.

Sie haben die Wahl: Mitmachen oder sich verweigern?

Hoc multo fortius est, ebrio ac vomitante populo siccum et sobrium esse, illud temperatius, non excerpere se nec insignire, nec misceri omnibus et eadem, sed non eodem modo facere: licet enim sine luxuria agere festum diem. (ep. 18, 4)

Die Verweigerung erfordert schon große Stärke: Wenn das ganze Volk säuft und kotzt, trocken und nüchtern zu bleiben. Ein anderes Verhalten ist gemäßigter: Sich nicht auszuschließen und unangenehm aufzufallen, aber auch nicht bei allem mitzumachen und zwar dasselbe, aber nicht auf dieselbe Weise zu tun. Man kann einen Festtag ja auch ohne Ausschweifung begehen.

Das klingt deutlich weniger radikal – und, wenn wir das so formulieren dürfen, sympathischer als die rigorose Haltung des wahren Weisen. Festtage haben demnach ihre Berechtigung?

Legum conditores festos instituerunt dies, ut ad hilaritatem homines publice cogerentur, tamquam necessarium laboribus interponentes temperamentum, et magni iudicii viri quidam sibi menstruas certis diebus ferias dabant, quidam nullum non diem inter otium et curas dividebant. (tr. an. 17, 7)

Die Gesetzgeber haben Feiertage festgelegt, um die Menschen von Amts wegen zur Fröhlichkeit geradezu zu zwingen. Sie haben damit zwischen die Mühen des Alltags einen notwendigen Ausgleich geschoben. Und manche Männer von großer Urteilskraft haben sich an bestimmten Tagen im Monatsrhythmus freie Tage genommen, andere haben sogar jeden Tag zwischen Muße und Pflichten aufgeteilt.

Wer zum Beispiel?

Qualem Pollionem Asinium oratorem magnum meminimus, quem nulla res ultra decumam detinuit. Ne epistulas quidem post eam horam legebat, ne quid novae curae nasceretur, sed totius diei lassitudinem duabus illis horis ponebat. (tr. an. 17, 7)

Ich erinnere mich beispielsweise an den großen Redner Asinius Pollio: Er ließ sich von keiner Tätigkeit nach der zehnten Stunde festhalten. Er pflegte danach nicht einmal mehr Briefe zu lesen, damit ihm nicht neue Sorge entstehe. Stattdessen legte er die Ermüdung des ganzen Tages in den beiden letzten Stunden des Tages ab.

Was Sie, obwohl Sie bei uns ein bisschen als Workaholic im Verdacht stehen, aber offenbar nicht kritisch sehen?

Indulgendum est animo dandumque subinde otium, quod alimenti ac virium loco sit. (tr. an. 17, 8)

Man muss nachsichtig sein mit der Seele und ihr von Zeit zu Zeit Muße gewähren, die ihr ja Nahrung und frische Kraft gibt.

Wie kann diese Muße ausgefüllt werden? Bei Intellektuellen wie Ihnen vermutlich durch geistige Tätigkeit?

Natura utrumque facere me voluit: et agere et contemplationi va-
care. Utrumque facio, quoniam ne contemplatio quidem sine actione
est. Alit lectio ingenium et studio fatigatum, non sine studio tamen,
reficit. Nec scribere tantum nec tantum legere debemus: altera res
contristabit vires et exhauriet, de stilo dico, altera solvet ac diluet.
Invicem hoc et illo commeandum est et alterum altero temperandum.

(ot. 5, 8; ep. 84, 1f.)

Die Natur wollte, dass ich beides tue: tätig sein und Zeit für das Nachdenken haben. Ich tue tatsächlich beides, da ja auch das Nachdenken nicht
ohne Tätigkeit auskommt. Lektüre nährt den Geist und macht ihn, wenn
er durch Anstrengung ermüdet ist, wieder frisch, freilich auch nicht ohne
Anstrengung. Wir dürfen nicht nur schreiben oder nur lesen: Das eine
schwächt die Kräfte und laugt sie aus – übers Schreiben spreche ich –, das
andere lockert sie zu sehr. Man muss vom einen zum anderen wechseln
und das eine mit dem anderen maßvoll mischen.

**Was ist mit geistig weniger anspruchsvollen Mußebeschäftigungen? Mit Spaß
und Spiel?**

Nec in eadem intentione aequaliter retinenda mens est, sed ad iocos
devocanda. Cum puerulis Socrates ludere non erubescebat, et Cato
vino laxabat animum curis publicis fatigatum, et Scipio triumphale
illud ac militare corpus movebat ad numeros, ut antiqui viri solebant
inter lusum ac festa tempora virilem in modum tripudiare. (tr. an. 17, 4)

Man darf die Seele nicht gleichmäßig unter derselben Anspannung halten, sondern muss sie auch zu Scherzen beiseite rufen. Sokrates war es
nicht peinlich, mit kleinen Knaben zu spielen, Cato entspannte sich beim
Wein, wenn er von den Sorgen um den Staat ermattet war, und Scipio, der
Triumphator und hochdekorierte Militär, bewegte seinen Körper zu Tanz-
rhythmen, so wie die berühmten Männer der alten Zeit bei Spiel und an
Festtagen in männlicher Weise im Dreischritt zu tanzen pflegten.

Ein klares Plädoyer auch für „richtig" entspannte Freizeitaktivitäten?

Danda est animis remissio: meliores acrioresque requieti surgent. Et
in ambulationibus apertis vagandum, ut caelo libero et multo spiritu
augeat attollatque se animus, aliquando vectatio iterque et mutata
regio vigorem dabunt convictusque et liberalior potio. (tr. an. 17, 5 und 8)

Die Seele benötigt Entspannung. Ausgeruht wird sie sich besser und ener-
gischer erheben. Auch sollte man Wanderungen in freier Natur unterneh-
men, damit sich die Seele am blauen Himmel und an der frischen Luft

stärkt und aufrichtet. Manchmal werden auch ein Ausflug, eine Reise und ein Ortswechsel Kraft geben, außerdem Geselligkeit und ein recht großzügiger Weingenuss.

In einem anderen Gespräch mit uns (vgl. „Fragwürdige Wein-Seligkeit") haben Sie sich deutlich gegen übermäßiges Trinken ausgesprochen. Aber Ausnahmen sind erlaubt?

Nonnumquam et usque ad ebrietatem veniendum, non ut mergat nos, sed ut deprimat: eluit enim curas et ab imo animum movet et, ut morbis quibusdam, ita tristitiae medetur, Liberque non ob licentiam linguae dictus est inventor vini, sed quia liberat servitio curarum animum. (tr. an. 17, 8)

Manchmal darf man es sogar bis zur Trunkenheit kommen lassen, aber nicht so, dass sie uns sozusagen auf Tauchstation schickt, sondern dass sie Druck von uns wegnimmt. Sie spült nämlich Sorgen hinweg und bewegt das Gemüt in der Tiefe und wirkt sich heilsam auf bestimmte Krankheiten, besonders auf Niedergeschlagenheit aus. Der Weingott Liber („frei") hat seinen Namen als Erfinder des Weins nicht von der Ungezügeltheit der Sprache erhalten, sondern weil er die Seele vom Joch der Sorgen befreit.

Sie empfehlen auch die Geselligkeit als „Mittel" der Erholung?

Miscenda ista et alternanda sunt: solitudo et frequentia. (tr. an. 17, 3)

Man sollte beides miteinander verbinden und abwechseln: Einsamkeit und Geselligkeit.

Gibt es Menschen, in deren Gesellschaft Sie sich, wenn Sie entspannen wollen, nicht so wohlfühlen?

Praecipue vitentur tristes et omnia deplorantes, quibus nulla non causa in querellas placet. (tr. an. 7, 4)

Man sollte besonders die Trauerklöße meiden und die, die alles kritisieren: Diejenigen, denen jeder Grund zum Klagen willkommen ist.

DAS GLÜCK DES TÜCHTIGEN?
Wen Fensterscheiben stets vor Zugluft schützen, den streift ein Lufthauch nicht ohne Gefahr ..."

Man hat nicht den Eindruck, dass charakterfeste, tüchtige Menschen vom Glück begünstigt sind. Ist der Gott der Stoiker ungerecht?

Bonum virum in deliciis non habet; experitur, indurat, sibi illum parat. (prov. 1, 6)

Er verzärtelt einen guten Menschen nicht, sondern erprobt ihn, härtet ihn ab, gestaltet ihn für sich.

Der gerechte Gott ist also ein fordernder Gott?

Hos itaque deus, quos probat, quos amat, indurat, recognoscit, exercet; eos autem, quibus indulgere videtur, quibus parcere, molles venturis malis servat. (prov. 4, 7)

Ja, die der Gott für gut befindet, die er liebt, die härtet er ab, die stellt er auf die Probe, die trainiert er. Denen er aber gewogen zu sein scheint, die er zu schonen scheint, die lässt er weich und spart sie für kommendes Unglück auf.

Nicht so ganz leicht für den „Götterliebling": Wie soll er damit umgehen?

Nihil accidere bono viro mali potest: non miscentur contraria. Adversarum impetus rerum viri fortis non vertit animum, est enim omnibus externis potentior. Omnia adversa exercitationes putat. (prov. 2, 1f.)

Einem guten Menschen kann nichts wirklich Böses zustoßen. Gegensätze lassen sich nicht miteinander vermischen. Der Ansturm widriger Herausforderungen verändert nicht die Einstellung eines tapferen Menschen; er ist nämlich stärker als alles, was von außen kommt. Alle Widrigkeiten hält er für Übungen.

In der Herausforderung durch Mühsal und Schwierigkeiten sehen Sie also sogar etwas Positives?

Cui non industrio otium poena est? Athletas videmus, quibus virium cura est, cum fortissimis quibusque confligere et exigere ab iis, per quos certamini praeparantur, ut totis contra ipsos viribus utantur. Caedi se vexarique patiuntur, et si non inveniunt singulos pares, pluribus simul obiciuntur. (prov. 2, 2f.)

Für welchen aktiven Menschen ist Müßiggang keine Strafe? Wir sehen, wie Athleten, die auf Kondition Wert legen, gerade mit den Kräftigsten kämpfen und von ihren Trainingspartnern, mit deren Hilfe sie sich auf den Wettkampf vorbereiten, fordern, ihre ganze Kraft gegen sie einzusetzen. Sie nehmen sogar in Kauf, geschlagen und gequält zu werden, und wenn sie keine ebenbürtigen Einzelpartner finden, werfen sie sich mehreren Gegnern zugleich entgegen.

Eine „knackige" Seneca-Formulierung für dieses Konzept?

Marcet sine adversario virtus. (prov. 2, 4)
Ohne Gegner wird die Tapferkeit schlaff.

Einverstanden. Aber es ist eine harte Schule, durch die Sie den Tüchtigen schicken. Versteht nicht auch er unter Glück letztlich etwas anderes?

Semper vero esse felicem et sine morsu animi transire vitam ignorare est rerum naturae alteram partem. Magnus vir es? Sed unde scio, si tibi fortuna non dat facultatem exhibendae virtutis? Descendisti ad Olympia, sed nemo praeter te? Coronam habes, victoriam non habes.
(prov. 4, 1 f.)

Stets glücklich zu sein und ohne Bissattacke auf dein Inneres durchs Leben zu gehen bedeutet, eine Seite der Natur nicht zu kennen. Du bist ein großer Mann? Aber woher weiß ich das, wenn dir das Schicksal keine Gelegenheit bietet, deine Charakterstärke unter Beweis zu stellen? Du bist nach Olympia gekommen, aber keiner außer dir? Den Kranz hast du, den Sieg aber nicht.

Negativ-Erlebnisse sind demnach ein geradezu erstrebenswerter Zugewinn an Erfahrung?

Opus est enim ad notitiam sui experimento. Quid quisque posset, nisi tentando non didicit. Itaque quidam ipsi ultro se cessantibus malis obtulerunt et virtuti iturae in obscurum occasionem, per quam eniteseret, quaesiverunt. (prov. 4, 3)

Ja, um sich selbst kennenzulernen, braucht man die Selbsterprobung. Wozu einer in der Lage ist, das hat noch keiner gelernt, ohne es auszuprobieren. Deshalb sind manche Leute, als das Unglück auf sich warten ließ, ihm von sich aus entgegengegangen und haben für ihre Charakterstärke, die im Dunkel zu verschwinden drohte, eine Gelegenheit gesucht, sie zum Glänzen zu bringen.

Sie haben etwas gegen habituelle Warmduscher und Schattenparker als „Glücksritter" des Lebens?

*Quem specularia semper ab afflatu vindicaverunt, cuius pedes inter
fomenta subinde mutata tepuerunt, hunc levis aura non sine periculo
stringet. Cum omnia, quae excesserunt modum, noceant, periculosis-
sima felicitatis intemperantia est.* (prov. 4, 9)

Wen Fensterscheiben stets vor Zugluft geschützt haben, wessen Füße sich
an immer wieder gewechselten Wärmflaschen schön warm gehalten haben, den wird ein leiser Lufthauch nicht ohne Gefahr streifen. Zwar ist
alles, was über das Maß hinausgeht, schädlich, am gefährlichsten aber ist
ein Übermaß an Glück.

**Weil das plötzlich über uns hereinbrechende Unglück uns völlig unerwartet
trifft und gewissermaßen umhaut?**

*Non fert ullum ictum illaesa felicitas; at cui assidua fuit cum incom-
modis suis rixa, callum per iniurias duxit, nec ulli malo cedit, sed,
etiam si cecidit, de genu pugnat.* (prov. 2, 6)

Glück, das nie eine Verletzung erfahren hat, erträgt nicht einen einzigen
Stoß. Wer aber ständig mit seinen Widrigkeiten kämpft, der bildet eine
Hornhaut durch die Ungerechtigkeiten heraus, die ihm widerfahren, und
er gibt keinem Unglück nach, sondern kämpft, selbst wenn er gefallen ist,
auf den Knien weiter.

**Ein bisschen leid kann einem der vom Schicksal in Sachen Unglück „Erprob-
te" aber schon tun, oder?**

*Persuadebo deinde tibi, ne umquam boni viri miserearis. Potest enim
miser dici, non potest esse.* (prov. 3, 1)

Ich werde dir jetzt klarmachen, dass dir niemals ein tüchtiger Mann leidtun sollte: Er kann nämlich unglücklich genannt werden, es aber niemals
wirklich sein.

BÖRSENCRASH
„Keine Habgier bleibt ohne Strafe ..."

An Börsencrashs sollten wir uns allmählich gewöhnt haben. Trotzdem erleben wir stets die gleichen Reaktionen: Panik, Fassungslosigkeit, Bitterkeit, Empörung. Was sagen Sie einem, der über den dramatischen Absturz seiner Aktienwerte jammert?

Tamne tu indignaris aliquid aut quereris et non intellegis nihil esse in istis mali nisi hoc unum, quod indignaris et quereris? Si me interrogas, nihil puto viro miserum nisi aliquid esse in rerum natura, quod putet miserum. (ep. 96, 1)

So regst du dich über etwas auf und beklagst dich und erkennst nicht, dass es in diesen Dingen nichts Schlimmes gibt – außer diesem einen, dass du dich aufregst und herumklagst? Wenn du mich fragst: Ich glaube nicht, dass es für einen richtigen Mann ein Unglück gibt außer der Tatsache, dass er irgendetwas auf der Welt dafür hält.

Wir bezweifeln, dass Sie mit diesen Gedanken die Leidtragenden von Kursstürzen wirklich erreichen. Aber Sie meinen es wohl tatsächlich so?

Omnia, ad quae gemimus, quae expavescimus, tributa vitae sunt; horum nec speraveris immunitatem nec petieris. Vivere militare est. (ep. 96, 2 und 5)

Alles, über das wir aufstöhnen, vor dem wir in Schrecken erbeben, ist Tribut ans Leben. Du solltest keine Befreiung davon erhoffen und sie auch nicht anstreben. Leben ist Kriegsdienst.

Sie verstehen aber schon, dass man sich freut, wenn es mit den Kursen ordentlich bergauf geht, und der Absturz nicht gerade einen Freudentaumel auslöst?

Fragilibus innititur, qui adventicio laetus est: exibit gaudium, quod intravit. At illud ex se ortum fidele firmumque est et crescit et ad extremum usque prosequitur. (ep. 98, 1)

Auf Sand baut, wer sich über etwas freut, das von außen kommt. Die Freude wird so weggehen, wie sie hereingekommen ist. Die aber, die von innen kommt, ist zuverlässig und fest; sie wächst und geleitet uns dauerhaft bis zum Ende.

Sind auch die kleinen Spekulanten an ihrem „Unglück" selbst schuld?

Nulla avaritia sine poena est, quamvis satis sit ipsa poenarum. (ep. 115, 15)

Keine Habgier bleibt ohne Strafe, auch wenn sie in sich eigentlich schon Strafe genug ist.

Das sollten Sie näher erläutern.

Utrum mavis habere multum an satis? Qui multum habet, plus cupit, quod est argumentum nondum illum satis habere. Qui satis habet, consecutus est, quod numquam diviti contigit: finem. (ep. 119, 6)

Willst du viel haben oder genug? Wer viel hat, will noch mehr haben – der Beweis dafür, dass er nicht genug hat. Wer genug hat, hat etwas erreicht, was ein Reicher noch nie erreicht hat: das Ziel.

Das Immer-mehr-haben-Wollen ist für Sie das Krebsübel, das auch zu Verwerfungen wie dem Börsencrash führt?

Neminem pecunia divitem fecit, immo contra nulli non maiorem sui cupidinem incussit. Quaeris, quae sit huius rei causa? Plus incipit habere posse, qui plus habet. (ep. 119, 9)

Geld hat noch nie jemanden reich gemacht. Im Gegenteil, es hat noch jedem größere Geldgier eingeflößt. Du fragst nach der Ursache dafür? Wer mehr hat, beginnt mehr haben zu können.

Das klingt ja nach Kapitalismus-Kritik, und zwar nach einer ziemlich radikalen – aus dem Munde eines steinreichen Mannes schon erstaunlich. Aber lassen wir das in diesem Gespräch beiseite. Sie deuteten gerade an, dass Ihnen die normale Definition von „Reichtum" nicht passt. Ihr Weg zum Reichtum zielt in eine andere Richtung als auf die Börse?

Ad veras potius te converte divitias: disce parvo esse contentum. (ep. 110, 18)

Bekehre dich lieber zu wahrem Reichtum: Lerne, mit wenigem zufrieden zu sein.

Wer definiert, was „wenig" heißt?

Hic, qui se ad quod exigit natura composuit, non tantum extra sensum est paupertatis, sed extra metum. Sapiens divitiarum naturalium est quaesitor acerrimus. (ep. 119, 10 und 5)

Wer sich mit dem bescheidet, was die Natur verlangt, kennt nicht nur das Gefühl der Armut nicht, sondern auch nicht die Angst davor. Der Weise ist der leidenschaftlichste Sucher natürlichen Reichtums.

Wie verhalten sich Reichtum und Weisheit zueinander?

Multis ad philosophandum obstitere divitiae; paupertas expedita est,

secura est. Repraesentat opes sapientia, quas, cuicumque fecit su-
pervacuas, dedit. (ep. 17, 3 und 10)
Vielen hat ihr Reichtum beim Philosophieren im Wege gestanden; die Armut ist frei und sorgenlos. Weisheit lässt unverzüglich Reichtum eintreten: Wem immer sie Reichtum überflüssig gemacht hat, dem hat sie ihn gegeben.

Eine Umdefinition von „Reichtum", die gewöhnungsbedürftig ist, im Kontext eines Börsencrashs aber sicher erwägenswert. Was meinen Sie denn damit, dass Armut „frei und sorgenlos" sei? Das hieße ja im Umkehrschluss, dass Reichtum im landläufigen Sinne Sorgen und Unfreiheit erzeugt?
Ab Epicuro mutuum sumam: „Multis parasse divitias non finis mise-
riarum fuit, sed mutatio." (ep. 17, 11)
Ich möchte mir eine Sentenz von Epikur ausleihen: „Für viele war es nicht das Ende ihres Unglücks, Reichtum erworben zu haben, sondern nur eine neue Form des Unglücks."

Weil sie Angst vor dessen Verlust haben?
Calamitosus est animus futuri anxius et ante miserias miser, qui sol-
licitus est, ut ea, quibus delectatur, ad extremum usque permaneant.
Nullo enim tempore conquiescet et exspectatione venturi praesentia,
quibus frui poterat, amittet. In aequo est autem amissae rei miseratio
et timor amittendae. (ep. 98, 6)
Schwer betroffen ist ein Mensch, wenn er sich um die Zukunft ängstigt und schon unglücklich ist, bevor das Unglück eintritt, wenn er in ständiger Sorge ist, dass das, an dem er Freude hat, ihm bis zum Ende bleibt. Denn solch ein Mensch wird zu keiner Zeit Ruhe finden und wird in der bangen Erwartung des Zukünftigen auch das Gegenwärtige, das er genießen könnte, verlieren. Es läuft aber aufs Gleiche hinaus, ob man über einen erlittenen Verlust klagt oder sich ängstigt, einen Verlust zu erleiden.

Läuft das in letzter Konsequenz auf die These vom glücklichen Bettler hinaus? Stichwort Diogenes, der „Apostel" der Bedürfnislosigkeit.
Si quis de felicitate Diogenis dubitat, potest idem dubitare et de deo-
rum immortalium statu, an parum beate degant, quod illis nec prae-
dia nec horti sint nec alieno colono rura pretiosa nec grande in foro
faenus. (tr. an. 8, 5)
Wenn jemand am Glück des Diogenes zweifelt, kann er ebenso an der Stellung der unsterblichen Götter zweifeln, ob sie hinreichend glücklich

leben, da sie weder Landgüter noch Parks besitzen noch wertvolle, von fremden Pächtern bestellte Latifundien noch riesiges Verleihkapital auf dem Forum.

So ein Crashtag an der Börse hat vielleicht auch sein Gutes. Er könnte einige Leute zum Nachdenken bringen. Jedenfalls aber scheint er die stoische These zu bestätigen, dass man sich rechtzeitig mit den Wechselfällen der Fortuna vertraut machen sollte?

Non ideo me dicam inter miserrima miserum, non ideo aliquem exsecrabor diem; provisum est enim a me, ne quis mihi ater dies esset.
(vita beata 25, 3)

Ich werde mich deshalb selbst in unglücklichster Situation nicht unglücklich nennen, ich werde deshalb nicht einen einzigen Tag verfluchen. Denn ich habe für mich vorgesorgt, dass es keinen schwarzen Tag für mich gibt.

Wir haben von Ihnen gelernt, dass Geld nicht einmal beruhigt. Es macht wohl auch nicht glücklich?

Turpe est beatam vitam in auro et argento reponere. (ep. 110, 18)

Es ist geradezu schändlich, ein glückliches Leben auf Gold und Silber zu gründen.

DER WIND, DAS MEER, DER IMPERIALISMUS
„Das Land dehnt sich für unsere Mordpläne nicht weit
genug aus …"

Sie haben wiederholt Skepsis geäußert, dass der Mensch sich der Schöpfung als würdig erwiesen habe.

Non queri possumus de auctore nostri deo, si beneficia eius corrupi-mus et, ut essent contraria, effecimus. (NQ V 18, 13)

Wir können uns nicht über Gott, unseren Schöpfer, beklagen, wenn wir seine Wohltaten missbraucht und bewirkt haben, dass sie sich ins Gegenteil verkehren.

Nennen Sie uns ein konkretes Beispiel für Ihre These?

Dedit ille ventos ad custodiendam caeli terrarumque temperiem, ad evocandas supprimendasque aquas, ad alendos satorum atque arborum fructus, quos ad maturitatem, cum aliis causis, adducit ipsa iactatio attrahens cibum in summa et, ne torpeant, permovens. (NQ V 18, 13)

Der Schöpfergott hat uns Winde gegeben, um die Temperatur des Himmels und der Erde zu überwachen, um Wassermassen hervorzubringen und sie wieder verdunsten zu lassen, um die Früchte von Saaten und Bäumen im Wachstum zu fördern, die – neben anderen Ursachen – die Luftbewegung selbst zur Reife bringt, indem sie Nährstoffe nach oben aufsteigen lässt und in Bewegung hält, damit sie nicht erstarren.

Nicht zu vergessen die Seefahrt: Ohne Wind keine Segelschiffe.

Dedit ventos ad ulteriora noscenda. Fuisset enim imperitum animal et sine magna experientia rerum homo, si circumscriberetur natalis soli fine. (NQ V 18, 14)

Der Schöpfergott gab uns Winde, damit wir entlegene Gegenden kennenlernen konnten. Denn der Mensch wäre ein primitives Lebewesen ohne große Kenntnis der Dinge geblieben, wenn er auf das Gebiet seines heimatlichen Bodens beschränkt wäre.

Kein Wind – neben der Einschränkung des geistigen Horizonts auch eine verpasste ökonomische Chance. Meinen Sie nicht?

Quid, quod omnibus inter se populis commercium dedit et gentes dissipatos locis miscuit? Ingens naturae beneficium, si illud in iniuriam suam non vertat hominum furor! (NQ V 18, 4)

Völlig richtig: Der Wind hat allen Völkern den Warentausch untereinander ermöglicht und die durch weite Entfernungen getrennten Völker zueinander gebracht. Ein riesiges Geschenk der Natur – wenn der Wahn der Menschen es nicht in Schaden für sie verwandelte!

Woran entzünden sich Ihre Skepsis und Kritik konkret?

> *Dedit ventos, ut commoda cuiusque regionis fierent communia, non ut legiones equitemque gestarent nec ut perniciosa gentium arma transveherent.* (NQ V 18, 14)

Der Schöpfergott hat uns die Winde gegeben, damit die Vorzüge einer jeden Gegend Gemeingut würden, nicht aber, damit sie Legionen und Reiterei über die Meere trügen, und auch nicht, damit sie für andere Völker Verderben bringende Waffen hinüberbrächten.

Das klingt aus dem Munde eines Römers, zumal eines, der lange Zeit zur höchsten Führung gehört hat, erstaunlich. Verstehen wir das richtig als klare Stellungnahme gegen maritimen Imperialismus?

> *Quae nos dementia exagitat et in mutuum componit exitium? Vela ventis damus bellum petituri et periclitamur periculi causa; incertam fortunam experimur, vim tempestatum nulla ope humana superabilem et mortem sine spe sepulturae.* (NQ V 18, 6)

Welcher Wahnsinn treibt uns an und bringt uns zu gegenseitigem Verderben zusammen! Wir lassen die Segel im Wind blähen auf der Suche nach Krieg und begeben uns in Gefahr um der Gefahr willen. Wir setzen uns einem ungewissen Schicksal aus, der Macht der Stürme, die durch keine menschliche Kraft besiegbar ist, und einem Tod ohne Aussicht auf Begräbnis.

Sie sind nicht der Erste, der auf die enormen Gefahren der Seefahrt hinweist. Aber in Verbindung mit der „Suche nach Krieg" bekommt diese Warnung noch eine ganz andere „Qualität".

> *Quis erit huius laboris ac metus fructus, quis nos fessos tot malis portus excipiet? Bellum scilicet et obvius in litore hostis et trucidandae gentes tracturaeque magna ex parte victorem et antiquarum urbium flamma. Quid in arma cogimus populos? Quid exercitus scribimus directuros aciem in mediis fluctibus? Quid maria inquietamus? Parum videlicet ad mortes nostras terra late patet.* (NQ V 18, 7f.)

Was wird die Belohnung für diese Mühe und Angst sein? Welcher Hafen wird uns, wenn so viele Übel uns ermattet haben, aufnehmen? Na klar:

Krieg und ein Feind, der sich uns an der Küste entgegenstellt, und Völker, die wir abschlachten müssen und die den Sieger zum großen Teil mit ins Verderben reißen werden, und der Brand alter Städte. Warum heben wir Heere aus, die die Schlachtreihe mitten in die Wellen bringen? Warum versetzen wir die Meere in Unruhe? Natürlich: Das Land dehnt sich für unsere Mordpläne nicht weit genug aus.

Das sind ja fast pazifistische Töne. Manches von Rom eroberte Volk würde Ihnen vermutlich Beifall spenden.

Hoc quid aliud quis dixerit quam insaniam, circumferre pericula et ruere in ignotos, iratum sine iniuria occurrentia devastantem, ac ferarum more occidere, quam non oderis? Illis tamen in ultionem aut ex fame morsus est; nos sine ulla parsimonia nostri alienique sanguinis movemus manum et navigia deducimus, salutem committimus fluctibus, secundos optamus ventos, quorum felicitas est ad bella perferri.

(NQ V 18, 9)

Wer könnte das anders bezeichnen denn als Wahnsinn: Gefahren um uns herum zu verbreiten, auf Unbekannte loszugehen, ohne angegriffen worden zu sein, in sinnloser Wut zu zerstören, was sich uns in den Weg stellt, und wie die wilden Tiere Menschen zu töten, die man nicht hasst? Wobei die Tiere immerhin nur dann zubeißen, wenn sie sich verteidigen oder Hunger haben – wir dagegen legen, ohne unser eigenes und fremdes Blut in irgendeiner Weise zu schonen, Hand an, bringen unsere Schiffe zur See, vertrauen unser Heil den Fluten an und wünschen uns günstige Winde, deren Gunst darin besteht, uns zu Kriegsschauplätzen zu bringen.

Ohne den Wind wäre uns demnach trotz seiner anfangs aufgezeigten Vorteile einiges erspart geblieben?

Non immerito quis dixerit rerum naturam melius acturam fuisse nobiscum, si ventos flare vetuisset et inhibito discursu furentium in sua quemque terra stare iussisset. Si nihil aliud, certe suo quisque tantum ac suorum malo nasceretur. Nunc parum mihi domestica, externis quoque laborandum est. (NQ V 18, 11)

Man könnte wohl mit Recht sagen, dass die Natur besser mit uns verfahren wäre, wenn sie Winden zu wehen untersagt und einem jeden befohlen hätte, auf seinem Land zu bleiben. Das hätte es uns Verrückten unmöglich gemacht, aufs Meer hinauszufahren. Wenn sich kein anderer Vorteil damit verbände, dann zumindest der, dass ein jeder nur für sein eigenes Unglück und das seiner Landsleute geboren würde. Wie die Dinge jetzt liegen, reichen mir die Probleme, die ich zu Hause habe, nicht aus, ich muss mich auch noch mit dem herumplacken, was mir von außen widerfahren kann.

Sie rechnen damit, dass auch Rom sich einmal gegen Angriffe zur See zur Wehr setzen muss?

Nulla terra tam longe remota est, quae non emittere aliquod suum malum possit. Magna pars erat pacis humanae maria praecludi. (NQ V 18, 12)

Kein Land ist so weit entfernt, dass es nicht irgendeines seiner Übel zu uns schicken könnte. Es wäre ein großer Beitrag zum Frieden unter den Menschen, wenn die Meere verschlossen würden.

Ein reichlich utopisches Gedankenspiel. Als letzte Frage vielleicht noch einmal die nach dem Seehandel, die wir zu Anfang schon gestreift haben. Das ist ja die friedfertige Variante der Seefahrt. Oder nicht?

Non eadem est his et illis causa solvendi, sed iusta nulli. Diversis enim irritamentis ad temptandum mare impellimur; utique alicui vitio navigatur. (NQ V 18, 16)

Jeder hat einen anderen Grund, in See zu stechen, aber keiner hat einen, der gerecht wäre. Denn wir lassen uns durch unterschiedliche Verlockungen dazu bringen, die Herausforderung des Meeres anzunehmen; auf jeden Fall ist Seefahrt stets mit Unglück für irgendjemanden verbunden.

WELLNESS MIT RISIKO

„Glaubst du, ein Mann wie Cato wäre dort gewesen,
um die vorbeifahrenden Ehebrecherinnen zu zählen ...?"

Wellness ist in. Chice, luxuriöse Badeorte haben Zuspruch, erst recht, wenn
sie ein mondänes Image haben und Erholung im Doppelpack mit Genuss
versprechen. Für die römische Welt ist ja Baiae am Golf von Neapel mit
seinen heißen Quellen, seinem angenehmen Klima und seiner wunderbaren
Landschaft der Nobel-Ferienort schlechthin. Waren Sie schon mal dort?

> *Quas postero die, quam attigeram, reliqui.* (ep. 51, 1)

Ich habe den Ort am nächsten Tage nach meiner Ankunft wieder verlassen.

Damit stehen Sie unter Ihren Standesgenossen ziemlich allein da. Was stört
Sie an diesem „Kultort" römischer „Edeltouristen" denn so?

> *Reliqui locum ob hoc devitandum, cum habeat quasdam naturales
> dotes, quia illum sibi celebrandum luxuria desumpsit.* (ep. 51, 1)

Ich habe einen Ort verlassen, den man deswegen meiden sollte – mag er
auch manche natürlichen Vorzüge aufweisen –, weil der Luxus ihn sich
ausgesucht hat, um dort seine Feste zu feiern.

Was ist so schlimm daran? Versteht ein Seneca sich als „Spaßverderber"?

> *Non tantum corpori, sed etiam moribus salubrem locum eligere debe-
> mus; quemadmodum inter tortores habitare nolim, sic ne inter popi-
> nas quidem. Regio quoque est, quam sapiens vir aut ad sapientiam
> tendens declinet tamquam alienam bonis moribus.* (ep. 51, 4 und 2)

Wir müssen für uns einen Ort aussuchen, der nicht nur unserem Körper
zuträglich ist, sondern auch unserem Charakter. Ebenso wenig wie ich
unter Folterknechten leben möchte, will ich inmitten von Kneipen wohnen. Es gibt auch Landschaften, die ein weiser Mensch oder einer, der auf
dem Weg zur Weisheit ist, meidet, weil sie sich mit einem sittlich guten
Charakter nicht vertragen.

Sie machen uns neugierig. Ist Baiae denn wirklich solch ein Sündenpfuhl?

> *Deversorium vitiorum esse coeperunt. Videre ebrios per litora errantes et
> comessationes navigantium et symphoniarum cantibus strepentes lacus
> et alic, quae velut soluta legibus luxuria non tantum peccat, sed publicat,
> quid necesse est? Quid mihi cum istis calentibus stagnis? Quid cum suda-
> toriis, in quae siccus vapor corpora exhausurus includitur?* (ep. 51, 3; 4; 6)

Die Stadt ist auf dem besten Wege, Herberge aller Laster zu werden. Warum soll ich es mir antun, Betrunkene über den Strand taumeln zu sehen, die Trinkgelage der auf den Booten Fahrenden, die Seen, die von Gesang und Musik widerhallen, und all das andere, womit eine von Gesetzen losgelöste Genusssucht nicht nur sündigt, sondern das sie auch noch öffentlich zelebriert? Was habe ich mit den Warmwasserbecken da zu tun? Was mit den Schwitzräumen, in die trockener Dampf strömt, um die Körper wieder zu entlasten?

Andere schätzen gerade diese Wellness-Angebote. Und kaum ein prominenter Römer, der sich nicht eine Prachtvilla in Baiae hat bauen lassen.

C. Marius et Cn. Pompeius et C. Caesar exstruxerunt quidem villas in regione Baiana, sed illas imposuerunt summis iugis montium. Aspice, quam positionem elegerint, quibus aedificia excitaverint locis et qualia: scies non villas esse, sed castra. (ep. 51, 11)

Schon richtig. Gaius Marius, Gnaeus Pompejus und Gaius Caesar haben sich Villen in der Gegend um Baiae gebaut, aber sie haben sie auf den höchsten Berggipfeln anlegen lassen. Schau dir an, welche Lage sie sich ausgesucht haben, an welchen Orten sie Gebäude errichten ließen und was für welche – dann ist dir klar, dass das keine Landhäuser sind, sondern Burgen.

Der *prospectus*, die überaus begehrte Fernsicht, dürfte dabei wohl auch eine Rolle gespielt haben, ebenso das Bestreben, der widerspenstigen Natur zu zeigen, wer Herr im Hause ist. Mächtige Römer lieben doch spektakuläre Lagen in des Wortes doppelter Bedeutung.

Tu putas umquam fuisse ibi M. Catonem, ut praeternavigantes adulteras dinumeraret et tot genera cumbarum variis coloribus picta et fluitantem toto lacu rosam, ut audiret canentium nocturna convicia?
(ep. 51, 12)

Glaubst du wirklich, ein Marcus Cato sei jemals dort gewesen, um die vorbeifahrenden Ehebrecherinnen zu zählen und so viele Arten bunt bemalter Gondeln und Rosen, die auf dem ganzen See schwimmen, oder um sich nachts die Schmählieder der Singenden anzuhören?

Wer weiß. Aber wir wollen Sie nicht provozieren. Sie gehen also davon aus, dass es moralisch geradezu gefährliche Orte gibt?

Loca seria sanctaque eligere oportet; effeminat animos amoenitas nimia nec dubie aliquid ad corrumpendum vigorem potest regio. (ep. 51, 10)

Man muss sich ernste und ehrwürdige Gegenden aussuchen. Zu große Lieblichkeit verweichlicht die Sinne, und eine Gegend trägt ohne Zweifel einiges dazu bei, Kraft zu schwächen.

Gibt es historische Beispiele dafür?

Una Hannibalem hiberna solverunt et indomitum illum nivibus atque Alpibus virum enervaverunt fomenta Campaniae: armis vicit, vitiis victus est. (ep. 51, 5)

Ein einziges Winterlager hat Hannibal mürbe gemacht; das milde Klima und die Annehmlichkeiten Kampaniens haben einen Mann geschwächt, der sich von Schneemassen und Alpen nicht hatte bezwingen lassen. Mit Waffen hat er gesiegt, von Lastern ist er besiegt worden.

Und das gilt nicht nur in militärischer, sondern auch in moralischer Hinsicht?

Nobis quoque militandum est, et quidem genere militiae, quo numquam quies, numquam otium datur: debellandae sunt in primis voluptates, quae, ut vides, saeva quoque ad se ingenia rapuerunt. (ep. 51, 6)

Auch wir müssen kämpfen, und zwar in einer Art des Kampfes, bei der uns niemals Ruhe, niemals Muße gegönnt wird: Vor allem müssen die Genüsse niedergerungen werden. Sie haben, wie du siehst, auch manchen entschlossenen Charakter mit Gewalt auf ihre Seite gezogen.

Versuchungen sind also – entgegen Oscar Wilde – nicht dazu da, ihnen nachzugeben?

Libertas proposita est; ad hoc praemium laboratur. Quae sit libertas, quaeris? Nulli rei servire, nulli necessitati, nullis casibus, fortunam in aequum deducere. (ep. 51, 9)

Freiheit ist das Ziel. Um diesen Preis geht all mein Mühen. Was Freiheit ist, willst du wissen? Keiner Sache sklavisch untertan zu sein, keiner Notwendigkeit, keinen Zufällen – und das Schicksal unter Kontrolle zu halten.

Also gilt: Baiae, ade? Wellness und Genuss, ade? Wir bleiben standhaft!?

Voluptates praecipue exturba et invisissimas habe! Latronum more, quos philetas Aegypti vocant, in hoc nos amplectuntur, ut strangulent. (ep. 51, 13)

Die Genüsse verjage in erster Linie, zähle sie zu deinen schlimmsten Feinden! Sie umarmen uns wie die Wegelagerer, die die Ägypter „Phileten" nennen, nur dazu, um uns zu erwürgen.

TRAUER UND TROST
„Tränen sollen fließen, aber sie sollen auch aufhören ...“

Ein geliebter Mensch stirbt – und wir trauern. Trauer aber ist ein Affekt, und von Affekten sollten wir uns nach stoischer Lehre nicht leiten lassen. Verbieten Sie den Menschen die Trauer?

Numquam ego a te, ne ex toto maereas, exigam. Et scio inveniri quosdam durae magis quam fortis prudentiae viros, qui negent doliturum esse sapientem. Hi non videntur mihi umquam in eiusmodi casum incidisse, alioquin excussisset illis fortuna superbam sapientiam et ad confessionem eos veri etiam invitos compulisset. (cons. Polyb. 18, 5)

Ich persönlich werde niemals von dir fordern, überhaupt nicht zu trauern. Ich weiß, es finden sich da manche Herren von eher harter als tapferer Klugheit, die bestreiten, dass der Weise Trauer empfinden wird. Diese Leute scheinen mir niemals in eine solche Lage geraten zu sein, sonst hätte ihnen das Schicksal ihre arrogante Weisheit ausgetrieben und sie dazu gezwungen, wenn auch widerstrebend, die Wahrheit zuzugeben.

Sie heben sich, wenn wir uns diese Wertung erlauben dürfen, wohltuend vom stoischen Rigorismus ab. Wie viel Trauer darf denn sein?

Hunc modum servet, qui nec impietatem imitetur nec insaniam et nos in eo teneat habitu, qui et piae mentis est nec motae. Fluant lacrimae, sed eaedem et desinant. (cons. Polyb. 18, 6)

Sie sollte das Maß bewahren, das sich weder an Lieblosigkeit noch an Wahnsinn orientiert und uns in einer Haltung bestärkt, die einer pietätvollen, aber keiner aufgewühlten inneren Einstellung entspricht. Tränen sollen fließen, aber sie sollen auch aufhören.

Ein Plädoyer für das Maß, das Verzweifelte schwer erreichen dürfte.

Ut scias non esse hoc naturale luctibus frangi. (cons. Marc. 7, 3)

Um es ganz klar zu sagen: Es ist nicht natürlich, an Trauer zu zerbrechen.

Trägt nicht lange, intensive Trauer zur Bewältigung des Verlusts bei?

Illud quoque te non minimum adiuverit, si cogitaveris nihil profuturum dolorem tuum nec illi, quem desideras, nec tibi; noles enim longum esse, quod irritum est. Diutius accusare fata possumus, mutare non possumus: stant dura et inexorabilia. (cons. Pol. 2, 1; 4, 1)

Auch das wird dir wohl nicht im Geringsten helfen, wenn du bedenkst, dass dein Schmerz weder dem, den du vermisst, nützen wird, noch dir selbst; du wirst nämlich nicht wollen, dass etwas lange andauert, das vergeblich ist. Wir können unser Geschick lange anklagen, ändern können wir es nicht: Es steht hart und unerbittlich.

Oft trifft uns der Tod eines nahestehenden Menschen ganz plötzlich, ohne Vorwarnung. Kann man sich gegen solche Nackenschläge wappnen?

Sua quemque credulitas decipit et in iis, quae diligit, voluntaria mortalitatis oblivio. Cotidie praeter oculos nostros transeunt notorum ignotorumque funera; nos tamen aliud agimus et subitum id putamus esse, quod nobis tota vita denuntiatur. (cons. Polyb. 11, 1)

Die eigene Leichtgläubigkeit täuscht einen jeden von uns – und ruft bei dem, was er liebt, ein absichtliches Vergessen der Sterblichkeit hervor. Tagtäglich ziehen vor unseren Augen Leichenzüge bekannter und unbekannter Menschen vorüber. Wir beschäftigen uns trotzdem mit anderem und glauben dann, das trete urplötzlich ein, was uns das ganze Leben über angekündigt wird.

Wie erklären Sie sich diesen Verdrängungsmechanismus?

Quod nihil nobis mali, antequam eveniat, proponimus, sed ut immunes ipsi et aliis pacatius ingressi iter, alienis non admonemur casibus illos esse communes. (cons. Marc. 9, 1)

Weil wir uns nichts Schlimmes vorstellen, bevor es eintritt, sondern, als wären wir selbst unverletzlich und gingen unseren Weg ungefährdeter als die anderen, uns nicht von den Schicksalsschlägen anderer ermahnen lassen, dass wir sie mit ihnen gemeinsam haben.

Ein bewusstes *memento mori* statt des geflissentlichen Übersehens des Todes mindert in Ihren Augen den Trauerschmerz im akuten Fall?

Aufert vim praesentibus malis, qui futura prospexit. Mors denuntiata nascenti est. In hanc legem erat datus, hoc illum fatum ab utero statim prosequebatur. Nulli contigit impune nasci. (cons. Marc. 9, 5; 10, 5; 15, 4)

Wer künftiges Unglück vorhergesehen hat, nimmt ihm, wenn es da ist, die Wucht. Der Tod ist jedem bei der Geburt bestimmt. Er ist unter dieses Gesetz gestellt, dieses Schicksal hat ihn direkt vom Mutterleib an begleitet. Niemandem ist es vergönnt, ungestraft geboren zu werden.

Sie haben kein Verständnis für die Rebellion Trauernder gegen die Unerbittlichkeit des Todes?

Nihil perpetuum, pauca diuturna sind; quicquid coeperit, et desinit. Quis tam superbae impotentisque arrogantiae est, ut in hac naturae necessitate omnia ad eundem finem revocantis se unum ac suos seponi velit? (cons. Polyb. 1, 1 und 3)

Es gibt nichts Ewiges, und nur weniges ist von Dauer. Was einen Anfang hatte, hat auch ein Ende. Wer ist so hochmütig und unbeherrscht anmaßend, dass er angesichts dieser Notwendigkeit der Natur, die alles zu demselben Ende zurückruft, den Wunsch hat, nur er und seine Angehörigen sollten davon ausgenommen sein?

Wir trauern um eine geliebte Person. Muss, soll, darf der Tote uns leidtun?

Si illius nomine doleo, necesse est alterutrum ex his duobus esse iudicem; nam si nullus defunctis sensus superest, evasit omnia vitae incommoda et in eum restitutus est locum, in quo fuerat, antequam nasceretur, et, expers omnis mali, nihil timet, nihil cupit, nihil patitur. Quis iste furor est, pro eo me numquam dolere desinere, qui numquam doliturus est? (cons. Polyb. 9, 2)

Wenn ich um seinetwillen Schmerz empfinde, muss ich mich für eine von zwei Möglichkeiten entscheiden. Denn wenn der Tote keine Empfindung hat, dann ist er allem Unglück des Lebens entkommen und in den Zustand zurückgekehrt, in dem er vor seiner Geburt war. Dort spürt er kein Unglück, er fürchtet nichts, er begehrt nichts, er erleidet nichts. Was ist das für ein Wahnsinn, ohne Ende um jemanden Schmerz zu empfinden, der selbst niemals Schmerz empfinden wird?

Oder? Sie sprachen von einer Alternative.

Si est aliquis defunctis sensus, nunc animus velut ex diutino carcere emissus humana omnia ex loco superiore despicit, divina vero propius intuetur. Quid itaque eius desiderio maceror, qui aut beatus aut nullus est? (cons. Polyb. 9, 3)

Wenn der Tote irgendeine Empfindung hat, dann ist der Geist wie aus einem dauerhaften Gefängnis entlassen und schaut auf alles Menschliche aus einer höheren Warte, das Göttliche aber betrachtet er aus größerer Nähe. Warum martere ich mich also mit der Sehnsucht nach jemandem, der entweder glücklich ist oder überhaupt nicht existiert?

Nehmen wir an, jemand wird abrupt aus einem guten, glücklichen Dasein gerissen. Sein Glück ist jäh dahin. Kein Grund zu tiefer Trauer um ihn?

Unde scis, an diutius ille expedierit vivere, an illi hac morte consultum sit? Nihil est tam fallax quam vita humana, nihil tam insidiosum. Est, mihi crede, magna felicitas in ipsa felicitate moriendi. (cons. Marc. 22, 1 und 3; cons. Polyb. 9, 9)

Woher weißt du, dass es für ihn förderlich gewesen wäre, länger zu leben? Ob nicht mit diesem Tod gut für ihn gesorgt ist? Nichts ist so trügerisch wie das menschliche Leben, nichts so wenig gegen Heimtücke gefeit. Es ist, glaube mir, ein großes Glück, im Glück selbst zu sterben.

Worin aber kann der trauernde Mensch für sich selbst Trost finden?

In praeteritum tempus animus mittendus est, et quicquid nos umquam delectavit, reducendum ac frequenti cogitatione pertractandum est. Longior fideliorque est memoria quam praesentia. Cogita iucundissimum esse, quod habuisti, humanum, quod perdidisti. (cons. Polyb. 10, 3 und 6)

Man muss den Geist auf die Vergangenheit richten und sich alles, was uns jemals erfreut hat, ins Bewusstsein rufen und durch häufiges Denken daran nacherleben. Länger und zuverlässiger ist die Erinnerung an Freuden als ihre Gegenwart. Denke daran, dass es sehr, sehr schön war, was du gehabt hast, und dass es menschlich ist, dass du es verloren hast.

Auch Sie haben schon trauern müssen. Welcher Gedanke war für Sie der wichtigste Trost?

Mors dolorum omnium exsolutio est et finis, ultra quem mala nostra non exeunt; quae nos in illam tranquillitatem, in qua, antequam nasceremur, iacuimus, reponit. (cons. Marc. 19, 5)

Der Tod ist die Erlösung von allen Schmerzen. Er ist das Ende, über das hinaus unser Unglück keinen Bestand hat. Er bringt uns wieder in die Ruhe zurück, in der wir vor unserer Geburt aufgehoben waren.

RÖMISCHER KRACH

„Denk dir noch einen Streithammel dazu, einen ertappten Dieb und einen, der sich selbst im Bade gerne singen hört ...“

Lärm macht krank. So lesen wir es bei den Satirikern Martial und Juvenal. Und Rom ist, mit Horaz zu sprechen, eine *clamosa urbs*, „lärmerfüllte Stadt“. Wie empfinden Sie den Lärm der Großstadt?

Mehercules ego istum fremitum non magis curo quam fluctum aut deiectum aquae. (ep. 56, 3)

Ich kümmere mich, glaub mir, um diesen ganzen Krach nicht mehr als um das Brausen von Wellen oder einen Wasserfall.

Aber Sie nehmen ihn schon wahr. Was stört Sie am meisten?

Magis mihi videtur vox avocare quam crepitus; illa enim animum abducit, hic tantum aures implet ac verberat. In his, quae me sine avocatione circumstrepunt, essedas transcurrentes pono et fabrum inquilinum et serrarium vicinum aut hunc, qui ad Metam Sudantem tubulas experitur et tibias, nec cantat, sed exclamat. (ep. 56, 4)

Mir will scheinen, dass eine Stimme mehr ablenkt als der übliche Lärm; denn sie wirkt auf den Geist ein, der normale Krach dagegen füllt und trifft nur die Ohren. Zu den Lärmquellen, die mich ohne Ablenkungspotenzial umdröhnen, zähle ich vorbeifahrende Wagen, einen Schmied im Haus, einen Zimmermann in der Nachbarschaft oder einen, der bei der Meta Sudans seine kleinen Trompeten und Flöten testet, allerdings nicht musikalisch eingängig, sondern nur akustisch grell.

Wie realistisch ist es, dass Schmiede und Zimmerleute in unmittelbarer Nähe Ihres Stadtpalastes ihrer Arbeit nachgehen? Aber gut. Haben Sie andere Beispiele Ihrer Krach-Resistenz?

Iam me sic ad omnia ista duravi, ut audire vel pausarium possim voce acerbissima remigibus modos dantem. (ep. 56, 5)

Gegen all diese Lärmerei habe ich mich schon so abgehärtet, dass ich sogar den Steuermann anhören kann, wie er den Ruderern mit gellender Stimme den Takt angibt.

Kompliment! So etwas nervt ja normalerweise erheblich. Verraten Sie uns: Wie schaffen Sie das?

Animum cogo sibi intentum esse nec avocari ad externa; omnia licet foris resonent, dum intus nihil tumultus sit, dum inter se non rixentur cupiditas et timor, dum avaritia luxuriaque non dissideant nec altera alteram vexet. Nam quid prodest totius regionis silentium, si affectus fremunt? (ep. 56, 5)

Ich zwinge mich dazu, nur auf mich selbst konzentriert zu sein und mich von äußeren Dingen nicht ablenken zu lassen. Da kann draußen alles Mögliche Getöse veranstalten, wenn nur in meinem Inneren kein Aufruhr ist, wenn nur Begierde und Furcht dort nicht widerstreiten, wenn nur Habgier und Luxussucht nicht im Clinch miteinander liegen und die eine die andere bedrängt. Denn was nützt die Totenstille einer ganzen Landschaft, wenn die Leidenschaften toben?

Sie spielen die innere Ruhe gegen die äußere aus. Ist das, verzeihen Sie, nicht doch ein argumentativer Taschenspielertrick?

Nulla placida est quies, nisi quam ratio composuit. Illa tranquillitas vera est, in quam bona mens explicatur. Tunc ergo te scito esse compositum, cum ad te nullus clamor pertinebit, cum te nulla vox tibi excutiet, non si blandietur, non si minabitur. (ep. 56, 6 und 14)

Es gibt keine friedliche Ruhe außer der, die die Vernunft geschaffen hat. Das ist wahre Ruhe, zu der sich die richtige geistige Einstellung entfaltet. Sei sicher: Du wirst erst zu dir finden, wenn keinerlei Lärm zu dir dringt, wenn keine Stimme dich aus der Fassung bringt, egal ob sie dir schmeichelt oder droht.

Na gut, aber neulich haben Sie in Baiae, wie wir wissen, sozusagen eine Extremerfahrung in Sachen Lärm machen müssen. Erzählen Sie!

Ecce undique me varius clamor circumsonat: supra ipsum balneum habito. Propone nunc tibi omnia genera vocum, quae in odium possunt aures adducere: cum fortiores exercentur et manus plumbo graves iactant, cum aut laborant aut laborantem imitantur, gemitus audio, quotiens retentum spiritum remiserunt, sibilos et acerbissimas respirationes. Si vero pilicrepus supervenit et numerare coepit pilas, actum est. (ep. 56, 1)

Pass auf: Von allen Seiten umdröhnt mich Lärm unterschiedlichster Art. Ich wohne nämlich direkt über einer Badeanlage. Stelle dir nun alle Arten von Geräuschen vor, die dich dazu bringen, deine Ohren zu hassen. Hier trainieren Kraftprotze und schwingen ihre mit Blei beschwerten Hände. Während sie sich abmühen oder jedenfalls so tun, als müßten sie sich ab, höre ich Stöhnen, jedes Mal, wenn sie die angehaltene Luft wieder ausstoßen, Zischlaute und ganz gepresstes Atmen. Wenn dann noch ein Ballspieler unvermutet hinzukommt und anfängt, die Bälle zu zählen, ist's um mich geschehen.

Wir können es Ihnen nachfühlen. Schrecklich, diese Gym-Atmosphäre mit ihrer akustischen Umweltverschmutzung! Aber es geht wohl noch weiter?

Adice nunc scordalum et furem deprehensum et illum, cui vox sua in balneo placet, adice nunc eos, qui in piscinam cum ingenti impulsae aquae sono saliunt. Praeter istos, quorum, si nihil aliud, rectae voces sunt, alipilum cogita tenuem et stridulam vocem, quo sit notabilior, subinde exprimentem nec umquam tacentem, nisi dum vellit alas et alium pro se clamare cogit. Iam biberari varias exclamationes et botularium et crustularium et omnes popinarum institores mercem sua quadam et insignita modulatione vendentis! (ep. 56, 2)

Denk dir noch einen Streithammel dazu und einen ertappten Dieb und einen, der sich im Bade selbst gern singen hört, denk dir auch die noch hinzu, die mit gewaltigem Klatschen des aufspritzenden Wassers ins Schwimmbecken springen. Bei denen ist, wenn schon nichts anderes, dann wenigstens die Stimme echt. Stell dir aber daneben noch einen Achselhaarausrupfer vor, der unablässig seine dünne, schrille Stimme ertönen lässt, um auf sich aufmerksam zu machen, und der erst dann still ist, wenn er einen hat, dem er die Haare ausrupft – wobei er dann den anderen zwingt, an seiner Stelle loszuschreien. Und dann noch die unterschiedlichsten Ausrufe der Getränkeanbieter, der Wurstverkäufer, der Zuckerbäcker und aller Betreiber von Garküchen: Jeder preist seine Ware in seiner persönlichen, auffallenden Stimmlage an! (ep. 56, 2)

Grässlich – und köstlich! Sie haben unser tiefstes Mitgefühl. Aber Sie bleiben dabei: Auch dieser Krach dringt nicht wirklich zu Ihnen vor?

Ego istum fremitum non curo. (ep. 56, 3)

Ich kümmere mich um diesen ganzen Krach nicht.

Und wenn Sie die Wahl haben, ob Sie sich das antun wollen oder nicht – „antun" natürlich nur im nicht-philosophischen Sinne?

Fateor: ego ex hoc loco migrabo. (ep. 56, 15)

Ich gebe es zu: Dann werde ich diesen Ort verlassen.

Und das haben Sie seinerzeit auch so getan?

Experiri et exercere me volui – quid necesse est diutius torqueri, cum tam facile remedium Ulixes sociis etiam adversus Sirenas invenerit? (ep. 56, 15)

Ich wollte mich nur prüfen und erproben. Warum sollte ich mich länger quälen? Hat doch schon Odysseus ein so einfaches Heilmittel dagegen – und zwar sogar gegen die Sirenen! – erfunden.

SOLIDARITÄT

„Wir wollen zusammenhalten – für die Gemeinschaft sind wir geboren ...“

Wenn man mit Ihnen über die Laster der Menschen oder über die Masse ins Gespräch kommt, erhält man manchmal recht harsche und schroffe Aussagen, jedenfalls deutliche Warnungen mit gelegentlich misanthrop anmutendem Zungenschlag. Wir fragen ganz unverblümt: Sind Sie ein Menschenhasser?

Occupat nonnumquam odium generis humani et occurrit tot scelerum felicium turba. In hoc flectendi sumus, ut omnia vulgi vitia non invisa nobis, sed ridicula videantur et Democritum potius imitemur quam Heraclitum: hic enim, quotiens in publicum processerat, flebat, ille ridebat. Elevanda ergo omnia et facili animo ferenda: humanius est deridere vitam quam deplorare. (tr. an. 15, 1f.)

Manchmal packt einen Hass auf das Menschengeschlecht, und es kommt einem die Vielzahl von Verbrechen zu Bewusstsein, die ungesühnt bleiben. In diesem Moment müssen wir eine innere Kehrtwende vollziehen, damit uns die Charaktermängel der Masse nicht verhasst sind, sondern wir sie als lächerlich ansehen und wir es lieber mit Demokrit als mit Heraklit halten. Der zweite pflegte ja jedes Mal, wenn er in die Öffentlichkeit ging, zu weinen, der erste zu lachen. Man muss also alles ein paar Nummern tiefer hängen und mit größerem Gleichmut ertragen: Es ist menschlicher, über das Leben zu lachen als zu jammern.

Zumal ja Wut und Zorn auch für das menschliche Miteinander wenig hilfreiche Emotionen sind?

Illud cogitabis non esse irascendum erroribus. Quid, si illis irasci velis, quod aegrotant, senescunt, fatigantur? Inter cetera mortalitatis incommoda et hoc est: caligo mentium nec tantum necessitas errandi, sed errorum amor. Ne singulis irascaris, universis ignoscendum est: generi humano venia tribuenda est. Hac condicione nati sumus, animalia obnoxia non paucioribus animi quam corporis morbis. (ira II 10, 1-3)

Man sollte bedenken, dass man über Verirrungen nicht in Zorn geraten darf. Willst du etwa zornig sein auf die, die krank sind, die altern, die müde werden? Zu den Nachteilen der Sterblichkeit zählen auch die Umnachtung des Verstandes und nicht nur die Unvermeidbarkeit von Verirrungen, sondern auch die Liebe zu Irrtümern. Damit du nicht Einzelnen zürnst, musst du allen verzeihen. Das Menschengeschlecht verdient Nachsicht. Wir sind unter der Voraussetzung zur Welt gekommen, dass wir

Geschöpfe sind, die keiner geringeren Anzahl von Seelenkrankheiten als körperlichen Leiden unterworfen sind.

Gilt diese Haltung auch für den „perfekten" Weisen, der ja dank seiner sittlichen Vollkommenheit hoch über den „Sündern" steht?

Non irascetur sapiens peccantibus. Quare? Quia scit neminem nasci sapientem, sed fieri; scit paucissimos omni aevo sapientis evadere, quia condicionem humanae vitae perspectam habet; nemo autem naturae sanus irascitur. Placidus itaque sapiens et aequus erroribus, non hostis, sed correptor peccantium, hoc cotidie procedit animo: „Multi mihi occurrent vino dediti, multi libidinosi, multi ingrati, multi avari, multi furiis ambitionis agitati." Omnia ista tam propitius aspiciet quam aegros suos medicus. (ira II 10, 6f.)

Der Weise wird denen, die Fehler machen, nicht zürnen. Warum nicht? Weil er weiß, dass der Mensch nicht weise zur Welt kommt, sondern weise wird, und weil er weiß, dass jedes Zeitalter nur sehr wenige Weise hervorbringt, und weil er die Bedingung menschlichen Lebens durchschaut hat. Keiner aber, der bei Verstand ist, zürnt der Natur. Daher geht der Weise friedlich und gelassen gegenüber Verfehlungen, nicht als Feind, sondern als einer, der die Fehlenden deutlich auf ihr Fehlverhalten hinweist, jeden Tag nach draußen, und zwar mit dieser Einstellung: „Viele werden mir begegnen, die dem Wein ergeben sind, viele, die sexsüchtig sind, viele Undankbare, viele Habgierige, viele, die von den Furien des Ehrgeizes gehetzt werden." Auf all das wird er so wohlwollend schauen wie ein Arzt auf seine Kranken.

Er fühlt sich also den anderen verpflichtet, auch wenn er sie gelegentlich zurechtweisen und ihnen wehtun muss. Können Sie das, was der Mensch dem Menschen an Beistand schuldet, auf einen knappen Nenner bringen?

Natura nos cognatos edidit, cum ex iisdem et in eadem gigneret. Haec nobis amorem indidit mutuum et sociabiles fecit. Illa aequum iustumque composuit, ex illius constitutione miserius est nocere quam laedi; ex illius imperio paratae sint iuvandis manus. Ille versus et in pectore et in ore sit: „Homo sum, humani nihil a me alienum puto." (ep. 95, 52f.)

Die Natur hat uns als Blutsverwandte geschaffen, als sie uns aus denselben Samen zu derselben Bestimmung erzeugte. Sie hat uns gegenseitige Liebe eingepflanzt und uns zu gemeinschaftsfähigen Wesen gestaltet. Sie hat Billigkeit und Recht geschaffen, nach ihrer Verfügung ist es erbärmlicher, anderen zu schaden, als selbst Schaden zu erleiden. Auf ihren Befehl hin sollen unsere Hände bereit sein, denen zu helfen, die Hilfe benötigen. Dieser (Terenz-)Vers soll uns im Herzen und auf den Lippen sein: „Ich bin Mensch, nichts Menschliches, glaube ich, ist mir fremd."

Gegenseitige Hilfe, Unterstützung für die Schwachen, ja Nächstenliebe – wirbt Seneca für ein solidarisches Denken und Handeln?

Cohaereamus: in commune nati sumus; societas nostra lapidum for-nicationi simillima est, quae casura nisi invicem obstarent, hoc ipso sustinetur. (ep. 95, 53)

Wir wollen zusammenhalten – für die Gemeinschaft sind wir geboren. Unsere menschliche Gemeinschaft hat starke Ähnlichkeit mit einem Bogengewölbe. Das bräche zusammen, wenn sich die Steine nicht gegenseitig stützten, und eben dadurch wird es gehalten.

Ein schönes Bild. Gibt es – je nach der Nähe der jeweiligen Gemeinschaft – unterschiedliche Grade an Solidarität?

Nefas est nocere patriae; ergo civi quoque, nam hic pars patriae est. Sanctae partes sunt, si universum venerabile est. Ergo et homini, nam hic in maiore tibi urbe civis est. Quid, si nocere velint inter se manus pedibus, manibus oculi? Ut omnia inter se membra consentiunt, quia singula servari totius interest, ita homines singulis parcent, quia ad coetum geniti sunt, salva autem esse societas nisi custodia et amore partium non potest. Ergo ne homini quidem nocebimus, quia peccavit, sed ne peccet, nec umquam ad praeteritum, sed ad futurum poena referetur. (ira II 31, 7f.)

Es ist schlimmstes Unrecht, seinem Vaterland zu schaden. Das gilt auch für den einzelnen Bürger, denn er ist Teil des Vaterlandes. Und alle Teile sind unverletzlich, wenn das Ganze verehrungswürdig ist. Das gilt also auch für den Mitmenschen, denn er ist in einer großen Stadt dein Mitbürger. Was wäre, wenn die Hände den Füßen Schaden zufügen wollten oder die Augen den Händen? Wie alle Glieder des Körpers untereinander zusammenhalten, weil es im Interesse des Ganzen liegt, dass die Teile unversehrt bleiben, so werden die Menschen mit Einzelnen pfleglich umgehen, weil sie zur Gemeinschaft geboren sind und eine Gemeinschaft nur unversehrt sein kann, wenn die einzelnen Glieder einander bewachen und lieben. Also werden wir auch keinem Menschen Schaden zufügen, weil er einen Fehler gemacht hat, sondern nur, damit er keine Fehler macht. Strafe wird sich niemals auf Vergangenes beziehen, sondern nur auf Künftiges.

Solidarität ist keine Einbahnstraße. Meinen Sie nicht, dass ab und zu auch der „perfekte" Weise auf die Nachsicht und Hilfe seiner Mitbürger angewiesen ist?

Prudentiori credamus, stultiori remittamus; pro quocumque illud nobis respondeamus sapientissimos quoque viros multa delinquere, neminem esse tam circumspectum, cuius non diligentia aliquando sibi ipsa excidat, neminem tam maturum, cuius non gravitatem in aliquod fervidius casus impingat, neminem tam timidum offensarum, qui non in illas, dum vitat, incidat. (ira III 24, 4)

Einem Klügeren wollen wir unser Vertrauen, einem Dümmeren unsere Nachsicht schenken. Für einen jeden wollen wir uns sagen, dass selbst die weisesten Menschen vieles falsch machen. Keiner ist so umsichtig, dass ihm seine Sorgfalt selbst nicht mal entglitte, keiner ist so reif, dass ein Vorfall nicht mal seine würdig-ernste Haltung zu einer zu hitzigen Reaktion triebe, keiner ist so auf der Hut, anderen vor den Kopf zu stoßen, dass er sich nicht, während er es vermeidet, ebendieses Fehlverhaltens schuldig machte.

Der Wirkungskreis des Einzelnen ist ja unterschiedlich groß. Seine Verpflichtung zur Hilfe und Solidarität dementsprechend auch?

Hoc nempe ab homine exigitur, ut prosit hominibus, si fieri potest, multis, si minus, paucis, si minus, proximis, si minus, sibi. Nam, cum se utilem ceteris efficit, commune agit negotium. Quisquis bene de se meretur, hoc ipso aliis prodest, quod illis profuturum parat. (ot. 3, 5)

Genau das wird vom Menschen verlangt, dass er den Menschen nützt – wenn es geht, vielen, wenn nicht, wenigen, wenn nicht, den ihm am nächsten Stehenden, wenn nicht, dann sich selbst. Denn indem er sich anderen als nützlich erweist, betreibt er die Sache des Gemeinwohls. Jeder, der sich um sich selbst verdient macht, nützt eben dadurch auch anderen, dass er sich bereit macht, ihnen in Zukunft nützlich zu sein.

Hilfe für andere und Hilfe für sich selbst schließen einander also nicht aus?

Nemo non, cum alteri prodest, sibi profuit. (ep. 81, 19)

Indem er einem anderen nützt, nützt jeder sich selbst.

FREIZEITSTRESS

„Gibt es unter denen einen, der nicht lieber den Staat in Unordnung geraten sähe als seine Haarpracht?"

Lassen Sie uns über Muße sprechen. Manch einer klagt über regelrechten Freizeitstress – scheinbar ein Widerspruch in sich.

Quorundam otium occupatum est; in villa aut in lecto suo in media solitudine, quamvis ab omnibus recesserint, sibi ipsi molesti sunt. Quorum non otiosa vita dicenda est, sed desidiosa occupatio. (brev. vit. 12. 2)

Mancher Menschen Muße ist vielbeschäftigt. In ihrem Landhaus oder in ihrem Bett, mitten in der Einsamkeit, auch wenn sie sich von allen zurückgezogen haben, fallen sie sich selbst zur Last. Bei denen kann man nicht von einem Leben in Muße sprechen, sondern von Stress im Müßiggang.

Zum Beispiel?

Illos otiosos vocas, quibus apud tonsorem multae horae transmittuntur, dum decerpitur, si quid proxima nocte succrevit, dum de singulis capillis in consilium itur, dum aut disiecta coma restituitur aut deficiens hinc atque illinc in frontem compellitur? Quomodo irascuntur, si tonsor paulo neglegentior fuit, tamquam virum tonderet! Quomodo excandescunt, si quid ex iuba sua decisum est, si quid extra ordinem iacuit, nisi omnia in anulos suos reciderunt! Quis est istorum, qui non malit rem publicam turbari quam comam suam? (brev. vit. 12, 3)

Nennst du diejenigen müßig, die beim Friseur viele Stunden verbringen, während etwas abgeschnitten wird, das in der vergangenen Nacht nachgewachsen ist, während über einzelne Haare in Beratung gegangen wird, während entweder zerrauftes Haar an die richtige Stelle zurückgebracht oder fehlendes von hier und dort auf die Stirn zusammengekämmt wird? Wie geraten sie in Zorn, wenn der Friseur etwas zu wenig aufgepasst hat – als ob er einem richtigen Mann die Haare schnitte! Wie geraten sie in Wut, wenn von ihrer Mähne etwas zu viel abgeschnitten worden ist, wenn etwas nicht so liegt, wie es liegen sollte, wenn nicht alles in die erwarteten Locken fällt! Gibt es unter diesen Leuten einen, der nicht lieber den Staat in Unordnung geraten sähe als seine Haarpracht?

Durchaus amüsant, wie sie die Friseurgeplagten schildern! Ein anderer Bereich: Für viele sind kulinarische Genüsse heutzutage ein Freizeiterlebnis. Vermutlich auch nicht Ihr Freizeitfavorit?

Convivia mehercules horum non posuerim inter vacantia tempora,
cum videam, quam solliciti argentum ordinent, quam suspensi sint,
quomodo aper a coco exeat, quanta arte scindantur aves in frusta
non enormia, quam curiose infelices pueruli ebriorum sputa deter-
geant. Ex his elegantiae lautitiaeque fama captatur et usque eo in
omnes vitae secessus mala sua illos sequuntur, ut nec bibant sine
ambitione nec edant. (brev. vit. 12, 5)

Gastmähler dieser Leute möchte ich bei Gott nicht zur Frei-Zeit zählen, da ich sehe, wie besorgt sie ihr Silber anordnen, wie gespannt sie sind, ob der Eber dem Koch gelungen ist, mit welcher Kunstfertigkeit Geflügel in nicht zu große Bissen zerlegt wird und wie beflissen die armen Teufel vom Servicepersonal das von Betrunkenen Ausgespiene wegwischen. Von solchen Dingen verspricht man sich den Ruhm feiner Lebensart und Eleganz. Ihre Schwächen verfolgen sie so weit in alle Winkel ihres Lebens hinein, dass sie ohne Ehrgeiz weder trinken noch essen können.

Sport und Spiel gelten als Klassiker unter den Freizeitbeschäftigungen.
Persequi singulos longum est, quorum aut latrunculi aut pila aut ex-
coquendi in sole corporis cura consumpsere vitam. Non sunt otiosi,
quorum voluptates multum negotii habent. (brev. vit. 13, 1)

Leute einzeln durchzugehen, die ihr Leben durch Brett- oder Ballspiel oder die angestrengte Mühe, den Körper in der Sonne kochen zu lassen, verplempern, würde zu weit führen. Jedenfalls haben die nicht wirklich Muße, deren Vergnügungen viel Aufwand erfordern.

Wir sprechen heute von Infotainment, wenn Menschen in ihrer Freizeit in unterhaltsamer Weise dazulernen wollen, und von Histotainment, wenn sie sich für Geschichtliches in populärer Verpackung interessieren. Aus Ihrer Sicht eine sinnvolle Freizeitfüllung?
De illis nemo dubitabit, quin operose nihil agant, qui litterarum inutilium
studiis detineantur, quae iam apud Romanos quoque magna manus est.
Graecorum iste morbus fuit quaerere, quem numerum Ulixes remigum
habuisset, prior scripta esset Ilias an Odyssia, praeterea an eiusdem
esset auctoris. Ecce Romanos quoque invasit inane studium supervacua
discendi: His diebus audivi quendam referentem, quae primus quisque
ex Romanis ducibus fecisset: primus navali proelio Duilius vicit, primus
Curius Dentatus in triumpho duxit elephantos. (brev. vit. 13, 1ff.)

Niemand wird bezweifeln, dass diejenigen in mühevoller Weise nichts tun, die sich von der Beschäftigung mit nutzlosem Wissen ablenken lassen. Das ist auch schon bei uns Römern eine erkleckliche Zahl von Leuten. Bei den Griechen ist es eine traditionelle Krankheit zu fragen, wie viele Ruderer Odysseus hatte, ob die Ilias oder die Odyssee zuerst geschrieben wurde und ob sie darüber hinaus von demselben Verfasser stammen. Schau hin: Auch die Römer hat der unnütze Eifer befallen, Überflüssiges zu lernen. Kürzlich habe ich einen gehört, der darüber referierte, was ein römischer Heerführer nach dem anderen als Erster getan habe: In einer Seeschlacht trug Duilius als Erster den Sieg davon, Curius Dentatus führte als Erster Elefanten im Triumphzug mit.

Ja, die berühmt-berüchtigten „Firsts". Aber was Sie da über die Homer-Forschung äußern – lassen Sie das bloß keinen Altphilologen hören! Wir sind indes überrascht, wie skeptisch Sie gegenüber dieser immerhin geistig anspruchsvollen Muße sind. Wo bleibt das Positive? Was bieten Sie uns als erfüllende Freizeitbeschäftigung an?

Soli omnium otiosi sunt, qui sapientiae vacant, soli vivunt; nec enim suam tantum aetatem bene tuentur, omne aevum suo adiciunt. Quicquid annorum ante illos actum est, illis adquisitum est. Nisi ingratissimi sumus, illi clarissimi sacrarum opinionum conditores nobis nati sunt, nobis vitam praeparaverunt. (brev. vit. 14, 1)

Allein diejenigen widmen sich wahrer Muße, die für die Philosophie Zeit haben; sie allein leben. Denn sie gehen nicht nur mit ihrer eigenen Lebenszeit behutsam um, sondern fügen alle Zeit der eigenen hinzu. Alle Jahre, die vor ihnen abgelaufen sind, haben sie als Besitz erworben. Wenn wir nicht ganz und gar undankbar sind, sind jene hochberühmten Schöpfer ehrwürdiger Gedanken für uns geboren, für uns haben sie das Leben vorbereitet.

Sie empfehlen uns demnach Sokrates und Aristoteles, Pythagoras, Zenon und andere „Spitzenphilosophen" als ebenso verlässliche wie gediegene Freizeitbegleiter?

Nemo horum non vacabit, nemo non venientem ad se beatiorem, amantiorem sui dimittet, nemo quemquam vacuis a se manibus abire patietur; nocte conveniri, interdiu ab omnibus mortalibus possunt. (brev. vit. 14, 5)

Jeder von denen wird Zeit haben, jeder wird den, der zu ihm kommt, glücklicher und begeisterter von ihm entlassen, keiner wird irgendjemanden mit leeren Händen von sich fortgehen lassen. Diese Begleiter kann man zu jeder Tages- und Nachtzeit treffen, und dabei sind sie für alle Menschen erreichbar.

ZUR DIDAKTIK DES PHILOSOPHIE-UNTERRICHTS
„Eine Menge läuft durch Lehrer schief, die uns lehren,
nur zu diskutieren ...“

Philosophie als gymnasiales Schulfach ist etwas anderes als der philosophische Unterrichtsbetrieb in Rom. Da sucht man den Weisheitslehrer seiner Wahl zum Unterricht aus und auf. Trotz der Unterschiede sind wir sicher, dass Sie unseren Philosophie-Didaktikern einiges zu sagen haben. Wie war das damals in Ihrer Jugend?

Non quantum vis, sed quantum capis, hauriendum est – haec nobis praecipere Attalum memini, cum scholam eius obsideremus et primi veniremus et novissimi exiremus, ambulantem quoque illum ad aliquas disputationes evocaremus, non tantum paratum discentibus, sed obvium. (ep. 108, 2f.)

Wie viel Stoff man aufnehmen kann, bestimmt nicht dein Wille, sondern dein geistiges Fassungsvermögen: Ich erinnere mich, dass Attalus uns das eindringlich vermittelte, als wir seine Schule geradezu belagerten. Wir kamen als Erste und gingen als Letzte. Wenn wir ihn sogar beim Spaziergang zu irgendwelchen philosophischen Diskussionen aufforderten, stand er nach meiner Erinnerung seinen Schülern nicht nur zur Verfügung, sondern ging von selbst auf sie zu.

Auf solch ein Ethos und Engagement von Lehrern stößt man nicht immer. War dieses unbedingte Dasein für seine Schüler sozusagen philosophisches Programm von Attalus?

„Idem“, inquit, „et docenti et discenti debet esse propositum: ut ille prodesse velit, hic proficere.“ (ep. 108, 3)

„Lehrende und Lernende“, sagte er, „müssen dasselbe Ziel haben: Der eine muss fördern, der andere profitieren wollen.“

Hört sich ausgesprochen modern an. Und beneidenswert zugleich, wenn man an manchen real existierenden Philosophie-Unterricht denkt. Gibt es ein persönliches Credo Senecas, was guter Philosophie-Unterricht „bringt“?

Qui ad philosophum venit, cotidie aliquid secum boni ferat: aut sanior domum redeat aut sanabilior. Redibit autem – ea philosophiae vis est, ut non studentis, sed etiam conversantis iuvet. Qui in solem venit, licet non in hoc venerit, colorabitur. Qui in unguentaria taberna resederunt et paulo diutius commorati sunt, odorem secum loci ferunt. Et qui ad philosophum fuerunt, traxerint aliquid necesse est, quod prodesset etiam neglegentibus. (ep. 108, 4)

Wer zu einem Philosophen geht, sollte jeden Tag etwas Gutes von dort mitnehmen: Er sollte entweder gesünder nach Hause kommen oder zumindest zur Gesundung bereiter. Er wird tatsächlich so nach Hause kommen – das ist die Kraft der Philosophie, dass sie nicht nur denen hilft, die sich ihr intensiv widmen, sondern auch denen, die nur mit ihr Umgang haben. Wer in die Sonne geht, wird braun, auch wenn das gar nicht seine Absicht ist; wer sich in eine Parfümerie setzt und eine Zeit lang dort bleibt, nimmt den Duft des Ladens mit sich. So ist es auch bei denjenigen, die bei einem Philosophen waren: Sie nehmen unweigerlich etwas mit, was sie fördert, auch wenn sie gar nicht so recht darauf achten.

Für Sie ist Philosophie-Unterricht praktische Lebenshilfe. Dass Sie es ernst meinen, merkt man. Aber haben Sie wirklich den Eindruck, dass auch alle Philosophie-Schüler das so sehen?

Quidam veniunt, ut audiant, non ut discant, sicut in theatrum voluptatis causa ad delectandas aures oratione vel voce vel fabulis ducimur. Magnam hanc auditorum partem videbis, cui philosophi schola deversorium otii est. Non id agunt, ut aliqua illo vitia deponant, ut aliquam legem vitae accipiant, qua mores suos exigant, sed ut oblectamento aurium perfruantur. (ep. 108, 6)

Manche kommen nur, um zuzuhören, nicht um zu lernen, so wie wir zum Vergnügen ins Theater gehen, um unsere Ohren am gesprochenen Wort, am Gesang oder am dramatischen Geschehen zu erfreuen. Diese große Hörerschar wirst du überall sehen, für die die Schule des Philosophen ein Aufenthaltsort für ihren Zeitvertreib ist. Denen geht es nicht darum, dort irgendwelche Charakterschwächen abzubauen oder irgendeine Lebensregel mitzunehmen, um ihren Charakter zu bilden. Sie wollen nur einen Ohrenschmaus genießen.

Solche Trittbrettfahrer muss man wohl in Kauf nehmen. Aber es gibt ja genügend junge Leute, die wirklich etwas aus dem Philosophie-Unterricht mitnehmen wollen. Welche Bedeutung hat dabei die Persönlichkeit des Lehrers?

Facile est auditorem concitare ad cupidinem recti. Omnes ad omnia ista nati sumus. Cum inritator accessit, tunc illa animi bona veluti soluta excitantur. Facillime enim tenera conciliantur ingenia ad honesti rectique amorem et adhuc docilibus leviterque corruptis inicit manum veritas, si advocatum idoneum nancta est. (ep. 108, 8. 12)

Es ist leicht, in einem Zuhörer die Sehnsucht nach dem sittlich Richtigen zu wecken. Wir alle sind für all das geboren. Wenn der richtige Erwecker dazukommt, dann werden diese guten Seiten unserer Seele geradezu aus Fesseln befreit und angespornt. Es ist ja absolut kein Problem, junge Charaktere zur Begeisterung für das sittlich Gute und Richtige zu gewinnen. Von den noch Bildungsfähigen und nur leicht Verdorbenen nimmt die Wahrheit Besitz, wenn sie einen geeigneten Anwalt findet.

Ein eindrucksvolles Plädoyer für den – man ist versucht zu sagen – charismatischen Philosophie-Lehrer! Aber nicht immer geht diese schöne Rechnung auf.

Haec rettuli, ut probarem tibi, quam vehementes haberent tirunculi impetus primos ad optima quaeque, si quis exhortaretur illos, si quis impelleret. Sed aliquid praecipientium vitio peccatur, qui nos docent disputare, non vivere; aliquid discentium, qui propositum adferunt ad praeceptores suos non animum excolendi, sed ingenium. (ep. 108, 23)

Ich habe das so dargestellt, um dir zu beweisen, wie intensiv der anfängliche Drang junger Menschen gerade nach allem Guten ist, wenn jemand sie anspornt und anfeuert. Aber eine Menge läuft durch Fehler von Lehrern schief, die uns lehren, nur zu diskutieren und nicht auch zu leben, eine Menge auch durch eine falsche Einstellung der Schüler, die an ihre Lehrer die Erwartung herantragen, nicht ihre Seele zu bilden, sondern ihren Intellekt.

Die schlimmste Fehlentwicklung des Philosophie-Unterrichts aus Ihrer Sicht?

Quae philosophia fuit, facta philologia est. (ep. 108, 23)

Was einmal Philosophie war, ist zur Philologie geworden.

Wenn Sie das noch etwas erläutern könnten …

Ne et ipse, dum aliud ago, in philologum aut grammaticum delabar, illud admoneo, auditionem philosophorum lectionemque ad propositum beatae vitae trahendam, non ut verba prisca aut ficta captemus et translationes improbas figurasque dicendi, sed ut profutura praecepta et magnificas voces et animosas, quae mox in rem transferantur. Sic ista ediscamus, ut, quae fuerint verba, sint opera. (ep. 108, 35)

Ich möchte auch selbst nicht, während es mir um etwas ganz anderes geht, zum Philologen oder Grammatiker herabsinken. Deshalb erinnere ich an Folgendes: Philosophen zuzuhören und sie zu lesen darf sich nur auf das Ziel des glücklichen Lebens beziehen. Es geht nicht darum, Jagd zu machen auf altertümliche oder neu erfundene Wörter oder nach schiefen Vergleichen und anderen Redefiguren zu suchen, sondern nach nützlichen Lebensregeln und großartigen, ja beherzten Aussprüchen Ausschau zu halten, die sich rasch in die Tat umsetzen lassen. Die wollen wir so verinnerlichen, dass aus den Worten Taten werden.

Könnte man den guten Philosophie-Lehrer mit dem Steuermann eines Schiffes vergleichen, der auch bei tosender See Kurs halten muss?

Quanto maiore putas vitam tempestate iactari quam ullam ratem?

Non est loquendum, sed gubernandum. (ep. 108, 37)

Um wie viel größer, meinst du, ist der Sturm, von dem unser Lebensschiff, als der, von dem irgendein Kahn herumgeschleudert wird? Da heißt es nicht reden, sondern steuern.

REISEKRANKHEIT, ANDERS DEFINIERT
„Du fragst, warum dir deine Flucht nichts bringt?
Du fliehst mit dir!"

Der Urlaub als die „schönsten Wochen des Jahres": Mit diesem Slogan wer-
ben die Reiseveranstalter, und die Leute glauben ihnen. Bei vielen ist Ab-
wechslung Trumpf – möglichst weit weg, möglichst ein neues Ziel, möglichst
viel Reise-*action*.

> *Proprium aegri est: nihil diu pati et mutationibus ut remediis uti. Inde*
> *peregrinationes suscipiuntur vagae et litora pererrantur et modo*
> *mari se, modo terra experitur semper praesentibus infesta levitas.*
> *„Nunc Campaniam petamus." Iam delicata fastidio sunt. „Inculta*
> *videantur, Bruttios et Lucaniae saltus persequamur." Aliquid tamen*
> *inter deserta amoeni requiritur, in quo luxuriosi oculi longo locorum*
> *horrentium squalore releventur. „Tarentum petatur laudatosque por-*
> *tus et hiberna caeli mitioris! Iam flectamus cursum ad Urbem: minus*
> *diu a plausu et fragore aures vacaverunt."* (tr. an. 2, 12f.)

Das ist typisch für einen Kranken: Nichts lange auszuhalten und Abwechs-
lungen als Arznei zu verwenden. Deshalb werden Reisen aufs Geratewohl
unternommen und Küsten durchstreift und die Unbeständigkeit, die ja stets
mit dem, was sie gerade hat, auf Kriegsfuß steht, erprobt sich mal am Wasser,
mal auf dem Land. „Jetzt wollen wir nach Kampanien reisen!" Und schon
gerät die feine Lebensweise dort zum Überdruss. „Urwüchsiges wollen wir in
Augenschein nehmen, Bruttien und die Bergschluchten Lukaniens wollen wir
erforschen!" Gleichwohl beginnt schon inmitten der Einöde die Suche nach
etwas Kultiviertem, wo sich die luxusverwöhnten Augen von der langweiligen
Unwirtlichkeit struppiger Landstriche erholen können. „Auf geht's nach Ta-
rent, zu seinem gepriesenen Hafen und seinem milderen Winterklima. Jetzt
aber wollen wir Kurs halten auf Rom; allzu lange schon haben unsere Ohren
die Beifallsstürme und den Krach im Theater nicht mehr gehört!"

Sie erkennen in häufigen Reisen innere Unruhe und Planlosigkeit. Was sagen
Sie einem touristischen Vielflieger?

> *Mutare te loca et aliunde alio transilire nolo, primum quia tam frequens*
> *migratio instabilis animi est: coalescere otio non potest, nisi desiit*
> *circumspicere et errare. Deinde plurimum remedia continuata profici-*
> *unt; interrumpenda non est quies et vitae prioris oblivio.* (ep. 69, 1f.)

Ich will nicht, dass du die Orte ständig wechselst und von hierhin nach
dorthin springst, erstens weil ein so intensives Reisen Indiz für ein unste-

tes Gemüt ist: In Muße kann es sich nicht erholen, wenn es nicht aufgehört hat, herumzublicken und herumzuirren. Zweitens nützen vor allem
Arzneien, die regelmäßig genommen werden. Ruhe und die Distanz zu
deinem früheren Leben dürfen nicht unterbrochen werden.

**Wer viel verreist, hat viel zu verdrängen. So verstehen wir Sie. Ist aber nicht
doch der Urlaub eine Chance, mal Abstand vom hektischen Alltag zu gewinnen? Mal wieder zu sich zu kommen?**

Animum debes mutare, non caelum. (ep. 28, 1)

Deine Einstellung musst du ändern, nicht den Himmel.

Sie lehnen die Theorie vom Abschalten, gleichsam vom „Urlaub vom Ich" ab?

*Licet vastum traieceris mare, sequentur te, quocumque perveneris,
vitia. Hoc et idem querenti cuidam Socrates ait: „Quid miraris nihil
tibi peregrinationes prodesse, cum te circum feras? Premit te eadem
causa, quae expulit. "* (ep. 28, 1f.)

Du magst ein weites Meer überqueren, deine Fehler werden dir folgen,
wohin du kommst. Zu einem, der sich eben darüber mal beklagte, sagte
Sokrates: „Was wunderst du dich, dass dir deine Reiserei nichts nützt, da
du dich ja selbst mit herumträgst? Es bedrängt dich dieselbe Ursache, die
dich in die Ferne getrieben hat!"

**Die Ferne, die anderen Eindrücke, die Begegnung mit „exotischen" Men-
schen – all das sind keine Stationen auf dem Weg zum Seelenfrieden?**

*Quid terrarum iuvare novitas potest? Quid cognitio urbium aut loco-
rum? In irritum cedit ista iactatio. Quaeris, quare te fuga ista non
adiuvet? Tecum fugis! Onus animi deponendum est; non ante tibi ullus placebit locus.* (ep. 28, 2)

Was kann dir die Andersartigkeit anderer Länder helfen? Was das Kennenlernen von Städten und Gegenden? Dein Herumschleudern ist verlore-
ne Mühe. Du fragst, warum dir deine Flucht nichts bringt? Du fliehst mit
dir! Du musst deine Seelenlast ablegen; vorher wird dir kein Ort so recht
gefallen.

**Für viele ist gleichwohl das Reisen als solches eine willkommene Ablenkung –
vielleicht auch, da mögen Sie recht haben, von sich selbst.**

*Vadis huc illuc, ut excutias insidens pondus. Quod ipsa iactatione in-
commodius fit. Quicquid facis, contra te facis et motu ipso noces tibi;
aegrum enim concutis. Nunc non peregrinaris, sed erras et ageris ac*

locum ex loco mutas, cum illud, quod quaeris, bene vivere, omni loco positum sit. (ep. 28, 3 und 5)

Du wanderst hierhin und dorthin, um die auf dir liegende Last abzuschütteln. Sie wird aber durch die ganze Reiserei nur noch unangenehmer. Was du auch tust, du tust es gegen dich und schadest dir gerade durch die Bewegung selbst – denn du erschütterst einen Kranken. In deinem jetzigen Zustand reist du nicht, sondern du irrst umher, lässt dich treiben und reihst Ort an Ort, obwohl das, was du suchst – gut zu leben –, an jedem Ort zu finden ist.

Ohne eine Reise gewissermaßen ins eigene Innere zur Befriedung der Seele also kein wahrer Reisespaß?

Cum istuc exemeris malum, omnis mutatio loci iucunda fiet. (ep. 28, 4)

Wenn du dieses Grundübel in dir beseitigt hast, wird dir jede Ortsveränderung angenehm sein.

Auch irgendwo im hintersten Kaff, wohin einen ja auch manchmal die Wechselfälle des Lebens, der Arbeitgeber oder auch die Liebe reisen lassen?

Magis quis veneris quam quo interest. (ep. 28, 4)

Es kommt mehr darauf an, als wer du kommst als wohin.

So dass Sie auch Migranten, die vielleicht gar nicht so gern „verreist" sind, den Aufenthalt in der Fremde schmackhaft machen können …

Cum hac persuasione vivendum est: Non sum uni angulo natus, patria mea totus hic mundus est. (ep. 28, 4)

Man muss mit dieser Überzeugung leben: Nicht bin ich für einen einzigen Winkel geboren, mein Vaterland ist diese ganze Welt!

EIN GRÜNER SENECA?
„Wir können uns über nichts beklagen, außer über uns selbst ...“

Als Stoiker bekennen Sie sich zur Maxime des *secundum naturam vivere*, „der Natur gemäß leben“. Wir fragen uns, ob Seneca ein Grüner ist. Welche Bedeutung kommt der Natur in Ihrem Denken zu?

Natura duce utendum est: hanc ratio observat, hanc consulit. Idem est ergo beate vivere et secundum naturam. (vita beata 8, 1f.)

Man muss die Natur zur Führerin nehmen. Nach ihr richtet sich die Vernunft, sie fragt sie um Rat. Glücklich zu leben ist also dasselbe wie der Natur gemäß zu leben.

Könnten Sie ein paar Grundsätze formulieren, nach denen sich das Verhältnis zwischen den Menschen und der Natur gestalten sollte?

Nec illud praecipio, ut aliquid naturae neges – contumax est, non potest vinci, suum poscit –, sed ut, quicquid naturam excedit, scias precarium esse, non necessarium. (ep. 119, 2)

Ich lehre nicht, der Natur etwas zu verweigern – sie hat ihren eigenen Willen, lässt sich nicht besiegen, fordert das, was ihr zusteht. Alles aber, was über die Natur hinausgeht, das, solltest du wissen, ist sozusagen auf Widerruf und nicht notwendig.

Das klingt uns mit Verlaub etwas zu schwammig. Was bedeutet das konkret zum Beispiel für unser Ernährungsverhalten?

Esurio: edendum est. Utrum hic panis sit plebeius an siligineus, ad naturam nihil pertinet. Illa ventrem non delectari vult, sed impleri. Sitio: utrum haec aqua sit, quam ex lacu proximo excepero, an ea, quam multa nive clusero, ut rigore refrigeretur alieno, ad naturam nihil pertinet. (ep. 119, 3)

Ich habe Hunger. Also muss ich essen. Ob es gewöhnliches Brot ist oder Brot aus feinstem Weizenmehl, hat mit der Natur nichts zu tun. Sie will nicht, dass der Bauch Spaß hat, sondern dass er gefüllt wird. Ich habe Durst. Ob es dieses Wasser, ist, das ich aus dem nächstgelegenen Wasserbecken schöpfe, oder jenes, das ich mit einer Menge Schnee umhülle, damit es durch fremde Kälte kühl wird, hat mit der Natur nichts zu tun.

Natürliches Essverhalten zielt nach Ihrer Meinung vornehmlich auf die Befriedigung der Grundbedürfnisse ab?

Edendi mihi sit bibendique finis desideria naturae restinguere, non implere alvum et exinanire. (vita beata 20, 5)

Für mich wird die Grenze für Essen und Trinken dort sein, wo ich die Bedürfnisse der Natur erfülle, nicht dort, wo der Magen vollgeschlagen und wieder entleert wird.

Hören wir da eine Kritik an einer gewissen „Edelfress"-Haltung heraus, die Leckerbissen aus der ganzen Welt auf unsere Tische bringt?

Ad vos transeo, quorum profunda et insatiabilis gula hinc maria scrutatur, hinc terras, alia hamis, alia laqueis, alia retium variis generibus cum magno labore persequitur. Nullis animalibus nisi ex fastidio pax est. Infelices, ecquid intellegitis maiorem vos famem habere quam ventrem? (ep. 89, 22)

Ich befasse mich jetzt mit euch, deren tiefer, unersättlicher Schlund hier die Meere, dort die Länder durchwühlt. Die einen jagt er mit Angeln, die anderen mit Schlingen, wieder andere mit Netzen unterschiedlicher Art, und zwar unter großer Mühe: Kein Tier ist sicher vor euch, es sei denn aus Überdruss. Unglückliche, erkennt ihr denn nicht, dass euer Hunger größer ist als euer Magen?

Selbst wenn Sie recht haben – Sie werden den Leuten den Appetit auf Exquisites kaum madig machen können. Oder?

Delectant te disposita, quae terra marique capiuntur, alia eo gratiora, si recentia perferuntur ad mensam, alia, si diu pasta et coacta pinguescere fluunt ac vix saginam continent suam. Delectat te nitor horum arte quaesitus. At mehercules ista sollicite scrutata varieque condita cum subierint ventrem, una atque eadem foeditas occupabit. Vis ciborum voluptatem contemnere? Exitum specta! (ep. 110, 13)

Es erfreuen dich, hübsch aufgereiht, alle Fänge von Land und Meer; die einen sind dir umso willkommener, je frischer sie auf deinen Tisch geliefert werden, die anderen, wenn sie lange gefüttert und fett zu werden gezwungen wurden, im eigenen Fett zerlaufen und kaum ihre eigene Fleischmasse zusammenhalten können. Du findest Gefallen an dem kunstvoll gesuchten Glanz solcher Leckerbissen. Aber, bei Gott, wenn diese mühselig aufgespürten und kunstvoll zubereiteten Häppchen unten in deinem Bauch angekommen sind, dann werden sie eine ebenso scheußliche Masse sein wie alles andere. Du willst die Lust an exquisiten Speisen verlieren? Schau darauf, was rauskommt!

Ziemlich drastisch, wie Sie uns die Freude an Delikatessen nehmen wollen. Wenn wir Sie richtig verstehen, richtet sich Ihre Kritik aber vornehmlich gegen den Riesenaufwand, der sich mit der Beschaffung mancher tatsächlichen oder vermeintlichen Leckerbissen verbindet.

Quamdiu unius mensae instrumentum multa navigia et quidem non ex uno mari subvehunt? Quidquid nobis bono futurum erat, deus et parens noster in proximo posuit. Non exspectavit inquisitionem nostram et ultro dedit, nocitura altissime pressit. Nihil nisi de nobis queri possumus; ea, quibus periremus, nolente rerum natura et abscondente, protulimus. Ad salutem omnia parata sunt et in promptu, deliciis omnia misere ac sollicite comparantur. (ep. 60. 2; 110, 10; 119, 15)

Wie lange noch werden viele Schiffe das herbeischaffen, was gerade mal einen Tisch mit Leckerbissen füllt – und zwar keineswegs nur aus einem einzigen Meer? Alles, was uns nutzen könnte, hat unser Gott und Vater ganz in unsere Nähe gelegt. Er hat nicht darauf gewartet, dass wir es mühselig suchen, sondern hat es von sich aus bereitgestellt. Was schaden kann, hat er dagegen in größte Tiefe verbannt. Wir können uns über nichts beklagen außer über uns selbst. Das, was uns ins Verderben stürzen kann, haben wir gegen den Willen der Natur hervorgeholt – sie hat es versteckt. Für unsere Gesundheit steht alles bereit und zur Verfügung, für Leckerbissen dagegen muss alles mühselig und aufwendig beschafft werden.

Ein anderes ökologisches Thema, das auch einen gewissen Raubbau betrifft: Der Boden-Verbrauch. Uns würde Ihre Meinung dazu interessieren – auch hier ein „grün eingefärbter" Seneca?

Vobis dico: Quo usque nullus est lacus, cui non villarum vestrarum fastigia immineant? Nullum flumen, cuius non ripas aedificia vestra praetexant? Ubicumque in aliquem sinum litus curvabitur, vos protinus fundamenta iacietis nec contenti solo nisi quod manu feceritis, mare agetis introrsus. Omnibus licet locis tecta vestra resplendeant, cum multa aedifivaveritis, cum ingentia, tamen et singula corpora estis et parvula. Quid prosunt multa cubicula? In uno iacetis! (ep. 89, 21)

Ich frage euch: Wie lange noch, und es wird keinen See mehr geben, über den nicht die Giebel eurer Villen ragen? Keinen Fluss, dessen Ufer eure Bauten nicht säumen? Überall, wo sich die Küste zu einer Bucht krümmt, werdet ihr sofort Fundamente für einen Bau legen und, nicht zufrieden mit einem künstlichen Boden, den ihr mit euren Händen geschaffen habt, wollt ihr auch noch das Meer hineinleiten. Die Dächer eurer Häuser mögen an allen Orten leuchtend aufragen, ihr mögt vieles, ihr mögt Gigantisches

bauen – trotzdem bleibt ihr jeder ein Körper, und zwar ein ziemlich kleiner. Was nützen euch viele Schlafzimmer? Ihr liegt nur immer in einem.

Ihr Rat?

*Hoc est sapientia: in naturam converti et eo restitui, unde publicus
error expulerit. Magna pars sanitatis est hortatores insaniae reliquisse et ex isto coitu invicem noxio procul abisse.* (ep. 94, 68f.)

Das ist Weisheit: sich der Natur zuzuwenden und sich wieder in einen
Zustand zu versetzen, aus dem uns der allgemeine Irrsinn vertrieben hat.
Ein großer Teil der Gesundung besteht darin, uns von den Wortführern
des Wahnsinns loszusagen und uns aus dieser Gesellschaft von gegenseitig schädlichem Einfluss weit zu entfernen.

SUIZID
„Das Leben hat nur einen Eingang, aber viele Ausgänge ...“

Sie gehören zu den Philosophen, die sich in der schwierigen ethischen Frage des Suizids immer klar positioniert haben. Den mehr oder minder selbstbestimmten Tod mancher Heroen des Geistes oder der Tat feiern Sie geradezu.

> *Cicuta magnum Socratem fecit. Catoni gladium adsertorem libertatis* *extorque – magnam partem detraxeris gloriae.* (ep. 13, 14)

Der Schierlingsbecher hat Sokrates groß gemacht. Entwinde Cato sein Schwert, den Garanten seiner Freiheit – und du nimmst ihm einen großen Teil seines Ruhmes.

Bleiben wir einen Moment bei Cato. Warum war es richtig, dass er sich das Leben nahm – damals, als die römische Republik ums Überleben kämpfte?

> *Iam non agitur de libertate; olim pessumdata est. Quaeritur, utrum* *Caesar an Pompeius possideat rem publicam. Potest melior vincere,* *non potest non peior esse, qui vicerit.* (ep. 14, 13)

Es geht da nicht mehr um die Freiheit, die ist schon längst zu Schanden. Es geht nur noch darum, ob Caesar oder Pompejus den Staat in Besitz nimmt. Es mag der Bessere siegen, aber es ist unweigerlich der Schlechtere, da er ja gesiegt hat.

Und angesichts des Untergangs der von ihm mit aller Kraft verteidigten Republik darf auch Cato persönlich sozusagen von Bord gehen?

> *Stricto gladio, quem usque in illum diem ab omni caede purum ser-* *vaverat: „Nihil, inquit, egisti, fortuna, omnibus conatibus meis ob-* *stando. Non pro mea adhuc, sed pro patriae libertate pugnavi; nec* *agebam tanta pertinacia, ut liber, sed ut inter liberos viverem. Nunc* *quoniam deploratae sunt res generis humani, Cato deducatur in tu-* *tum.“* (ep. 24, 7)

Mit gezücktem Schwert, das er bis zu diesem Tage von jeder Bluttat rein gehalten hatte, sagte Cato: „Nichts hast du ausgerichtet, Schicksal, indem du dich all meinen Bemühungen in den Weg gestellt hast. Ich habe bislang nicht für mich, sondern für die Freiheit des Vaterlandes gekämpft, und ich habe das mit solcher Beharrlichkeit getan, nicht um selbst frei zu sein, sondern um unter freien Menschen zu leben. Da ja jetzt die Sache der Menschheit verloren ist, soll Cato sich in Sicherheit bringen!“

Ein Weiterleben in einem diktatorischen Staat wäre für Cato, so verstehen wir Sie, unzumutbar gewesen. Lässt sich daraus so etwas wie eine allgemeine Faustformel ableiten?

Non vivere bonum est, sed bene vivere. Itaque sapiens vivet, quantum debet, non quantum potest. Videbit, ubi victurus sit, cum quibus, quomodo, quid acturus. Cogitat semper, qualis vita, non quanta sit. Si multa occurrunt molesta et tranquillitatem turbantia, emittit se. (ep. 70, 4)

Nicht das Leben an sich ist ein Gut, sondern das sittlich gute Leben. Deshalb wird der Weise leben, solange er muss, nicht solange er kann. Er wird Ausschau halten, wo er leben wird, mit wem, unter welchen Umständen und was er bewirken kann. Sein Denken zielt stets darauf, wie sein Leben ist, nicht wie lang. Wenn vieles Beschwerliche und seine innere Ruhe Störende sich ihm in den Weg stellt, entlässt er sich aus dem Leben.

Freitod ist für Sie also keineswegs nur eine *ultima ratio* für den Menschen?

Nec hoc tantum in necessitate ultima facit, sed cum primum illi coepit suspecta esse fortuna, diligenter circumspicit, numquid illic desinendum sit. (ep. 70, 5)

Keineswegs! Er tut das nicht erst in äußerster Notlage, sondern sobald ihm sein Geschick verdächtig vorzukommen beginnt, prüft er in gewissenhafter Selbsterforschung, ob nicht an diesem Punkt Schluss zu machen ist.

Wir verstehen das als Kann-Bestimmung. Gibt es auch eine Muss-Bestimmung, eine Situation, in der es für Sie geradezu eine Pflicht zum Suizid gibt?

Bene mori aut male ad rem pertinet. Bene autem mori est effugere male vivendi periculum. Non omni pretio vita emenda est. (ep. 70, 6f.)

Wesentlich ist es, ob man in sittlich guter oder schlechter Haltung stirbt. Sittlich gut zu sterben aber heißt, der Gefahr eines sittlich schlechten Lebens zu entgehen. Man darf das Leben nicht zu jedem Preis erkaufen.

Fürchten Sie nicht, missverstanden zu werden und manchem resignativ gestimmten oder depressiven Menschen einen ethischen Freibrief auszustellen, den Sie nicht wirklich verantworten können?

Quicquid horum tractaveris, confirmabis animum vel ad mortis vel ad vitae patientiam. Etiam cum ratio suadet finire se, non temere nec cum procursu capiendus est impetus. Vir fortis ac sapiens non fugere debet e vita, sed exire. Et ante omnia ille quoque vitetur affectus, qui multos occupavit: libido moriendi. (ep. 24, 24f.)

Was immer dir bei diesem Thema durch den Kopf geht, du wirst deine Seele stärken zum Ertragen des Todes oder des Lebens. Auch wenn die Rechnung dir rät, Schluss zu machen, darfst du den Entschluss nicht blindlings und mit Ungestüm übereilen. Ein tapferer, weiser Mensch darf nicht aus dem Leben Reißaus nehmen, sondern er soll hinausgehen. Und vor allem ist auch jener unheilvolle Affekt zu vermeiden, von dem sich jetzt viele leiten lassen: die Todessehnsucht.

Das scheint uns keine unwichtige Differenzierung. Wir bitten um eine weitere Klärung: Ist der Mensch beim Entschluss zum Suizid frei von der Rücksichtnahme auf andere?

> *Indulgendum est honestis affectibus et interdum, etiam si premunt causae, spiritus in honorem suorum vel cum tormento revocandus est, cum bono viro vivendum sit, non quamdiu iuvat, sed quamdiu oportet. Ille, qui non uxoris, non amici tanti putat, ut diutius in vita commoretur, qui perseverabit mori, delicatus est.* (ep. 104, 3)

Man muss edlen Gefühlen nachgeben und bisweilen, auch wenn dringende Gründe vorliegen, den Lebensatem aus Achtung für seine Lieben sogar unter Qualen zurückrufen, da ein sittlich guter Mensch nicht so lange zu leben hat, wie es ihm Spaß macht, sondern so lange, wie er muss. Wer seine Frau, wer einen Freund so wenig schätzt, dass er ohne Rücksicht auf sie nicht länger im Leben verweilt und darauf besteht zu sterben, ist ein Weichei.

Was antworten Sie Ihren philosophischen Kritikern, die dem Menschen die Selbstbestimmung in Sachen Freitod absprechen?

> *Hoc qui dicit, non videt se libertatis viam cludere. Nihil melius aeterna lex fecit, quam quod unum introitum nobis ad vitam dedit, exitus multos.* (ep. 70, 14)

Wer das sagt, verkennt, dass er einen Weg zur Freiheit verbaut. Nichts Besseres hat das ewige Gesetz getan, als dass es uns zwar nur einen Eingang zum Leben geschenkt hat, aber viele Ausgänge.

Das sollten Sie erläutern.

> *Ego exspectem vel morbi crudelitatem vel hominis, cum possim per media exire tormenta et adversa discutere? Hoc est unum, cur de vita non possimus queri: neminem tenet. Bono loco res humanae sunt, quod nemo nisi vitio suo miser est. Placet, vive; non placet, licet eo reverti, unde venisti.* (ep. 90, 15)

Soll ich die Grausamkeit einer Krankheit abwarten oder die eines Menschen, obwohl ich mitten aus Folterqualen herausgehen und Widerwärtigkeiten abschütteln kann? Dies ist das Einzige, weshalb wir uns über das Leben nicht beklagen können: Es hält niemanden fest. Es steht gut um die menschlichen Belange, weil niemand außer durch eigene Schuld unglücklich ist. Das Leben gefällt dir – dann lebe! Es gefällt dir nicht – dann hast du die Freiheit, dorthin zurückzukehren, woher du gekommen bist.

Die Umstände eines Freitodes sind vielfach wenig würdevoll. Welcher Todesart geben Sie den Vorzug?

Quemadmodum navem eligam navigaturus et domum habitaturus, sic mortem exiturus e vita. Exeat, qua impetum cepit: sive ferrum appetit sive laqueum sive aliquam potionem venas occupantem, pergat et vincula servitutis abrumpat. (ep. 70, 11f.)

Wie ich mir ein Schiff für eine Seereise aussuche und ein Haus zum Wohnen, so auch die Todesart, wenn ich aus dem Leben scheiden will. Der Mensch wähle den Ausgang, zu dem es ihn innerlich drängt. Das kann der Griff zum Schwert sein, zum Strick oder zu irgendeinem Gift, das die Adern durchströmt – Hauptsache, er lässt sich nicht aufhalten und sprengt die Fesseln der Knechtschaft.

Und wenn jemand sozusagen praktische Probleme sieht, seinen Entschluss umzusetzen – was raten Sie dem?

Quid gemis, demens! Quocumque respexeris, ibi malorum finis est. Vides illum praecipitem locum? Illac ad libertatem descenditur. Vides illud mare, illud flumen, illum puteum? Libertas illic in imo sedet. Vides illam arborem, brevem, retorridam, infelicem? Pendet inde libertas. Vides iugulum tuum, guttur tuum, cor tuum? Effugia servitutis sunt. (ira III 15, 4)

Was stöhnst du so herum, du Idiot? Schau dich um, wo auch immer – überall ist das Ende für dein Unglück. Siehst du den Steilabfall dort? Da geht es runter zur Freiheit. Siehst du das Meer da hinten, den Fluss, den Brunnen? Die Freiheit sitzt dort ganz tief unten. Siehst du den Baum da, klein, verdorrt, unfruchtbar? Von ihm herab baumelt die Freiheit. Siehst du deinen Hals, deine Kehle, dein Herz? Das alles sind Fluchtwege aus der Knechtschaft.

Selbstmörder haben meist keine gute „Presse". Ein Aspekt, den man bedenken sollte?

Aderunt, qui de facto tuo male existiment. Vitam et aliis approbare quisque debet, mortem sibi: optima est, quae placet. Vis tu cogitare id in manibus esse consilium, ad quod fama non pertinet? (ep. 70, 13)

Es wird Leute geben, die über deine Tat die Nase rümpfen. Sein Leben muss ein jeder auch gegenüber anderen rechtfertigen, seinen Tod aber nur vor sich. Der beste ist, der *dir* gefällt. Würdest du bitte daran denken, dass diese Entscheidung ganz allein bei dir liegt und dass das Gerede der Leute gar nicht an sie herankommt?

Trotzdem werden auch Sie schon mal über den Freitod des einen oder anderen den Kopf geschüttelt haben. Welches Motiv können Sie nicht akzeptieren?

Stultitia est timore mortis mori. (ep. 70, 8)

Torheit ist es, aus Angst vor dem Tode zu sterben.

Eine persönliche Frage zum Schluss. Sie haben ja selbst schon mehrmals ernsthaft darüber nachgedacht, sich das Leben zu nehmen. Wäre der Suizid in einer bestimmten Situation auch künftig eine Option für Sie?

Vita non est imperfecta, si honesta est. Ubicumque desines, si bene desines, tota est. (ep. 77, 4)

Ein Leben ist nicht unvollendet, wenn es sittlich gut ist. An welchem Punkt du auch Schluss machen magst, wenn du gut Schluss machst, ist dein Leben als Ganzes gut.

KARRIERE-AUSSTEIGER

„Wir haben genug Zeit verplempert; im Alter wollen wir unsere Siebensachen packen ..."

Sie waren früher einer der mächtigsten Männer Roms. Kein zweiter Spanier hat eine solche politische Karriere hingelegt. Aber dann haben Sie sich aus dem Staatsdienst verabschiedet – obwohl doch gerade die stoische Pflichtenlehre den Dienst an der Gemeinschaft als besonders vornehme Aufgabe ansieht.

In hoc me recondidi et fores clusi, ut prodesse pluribus possem. Nullus mihi per otium dies exit; partem noctis studiis vindico. Secessi non tantum ab hominibus, sed a rebus, et inprimis a meis rebus. Posterorum negotium ago. (ep. 8, 1f.)

Ich habe mich zu dem Zweck eingeigelt und die Türen geschlossen, um einer größeren Anzahl von Menschen nützlich sein zu können. Kein Tag vergeht mir im Müßiggang. Ich nehme mir sogar einen Teil der Nacht für meine Studien. Ich habe mich nicht nur von den Menschen zurückgezogen, sondern auch von den Dingen, und zwar ganz besonders von meinen eigenen Dingen. Ich betreibe jetzt die Sache der Nachwelt.

Inwiefern?

Illis aliqua, quae possint prodesse, conscribo: salutares admonitiones, velut medicamentorum utilium compositiones, litteris mando. Esse illas efficaces in meis ulceribus expertus, quae, etiam si persanata non sunt, serpere desierunt. Rectum iter, quod sero cognovi et lassus errando, aliis monstro. (ep. 8, 2f.)

Ich schreibe für sie Gedanken auf, die ihnen nützen können: Heilsame Ermahnungen, gewissermaßen eine Zusammenstellung nützlicher Arzneien bringe ich zu Papier. Dass sie wirksam sind, habe ich an meinen eigenen Geschwüren erfahren, die, auch wenn sie noch nicht völlig verheilt sind, jedenfalls aufgehört haben weiterzuwuchern. Ich zeige anderen den richtigen Weg, den ich selbst spät und müde vom Herumirren erkannt habe.

Sie glauben gar nicht, wie erfolgreich Sie in Ihrer Tätigkeit als philosophischer Apotheker und Arzt für die Nachwelt sind! Also keinerlei Reue über den Rückzug aus der Welt des und der Bedeutenden?

Mihi crede: qui nihil agere videntur, maiora agunt, humana divinaque simul tractant. (ep. 8, 6)

Glaub mir: Wer anscheinend nichts tut, hat oft mit Bedeutenderem zu tun. Solche Menschen beschäftigen sich intensiv mit menschlichen und göttlichen Fragen gleichermaßen.

Auch andere, die Karriere gemacht haben, überlegen, ob sie sich nicht zurückziehen sollen. Was raten Sie grundsätzlich jemandem, der in vorgerücktem Alter über den Ausstieg nachdenkt?

Si potes, subduc te istis occupationibus, si minus, eripe. Satis multum temporis sparsimus: incipiamus vasa in senectute colligere. (ep. 19, 1)

Wenn du kannst, entziehe dich deinen beruflichen Aufgaben still und leise; wenn das nicht geht, entreiße dich ihnen! Wir haben genug Zeit verplempert; im Alter wollen wir anfangen, unsere Siebensachen zusammenzupacken.

Man gibt schon eine Menge auf – auch Statussymbole und Privilegien –, wenn man ohne Not einfach so aussteigt.

Facile est occupationes evadere, si occupationum pretia contempseris. Illa sunt, quae nos morantur et detinent. „Quid ergo? Tam magnas spes relinquam? Ab ipsa messe discedam? Nudum erit latus, incomitata lectica, atrium vacuum?" Ab his ergo inviti homines recedunt et mercedem miseriarum amant, ipsas exsecrantur. (ep. 22, 9)

Es ist leicht, sich den beruflichen Aufgaben zu entziehen, wenn du den Gewinn aus diesen Tätigkeiten gering schätzt. Er ist es, der uns bremst und zurückhält. „Was kommt dann? Soll ich auf so gute Aussichten verzichten? Soll ich, die Ernte vor Augen, sie nicht einbringen? Werde nicht ich, wird nicht meine Sänfte ohne Begleitung sein, mein Vorzimmer leer?" Von diesen Dingen lösen sich die Menschen tatsächlich ungern. Sie lieben den Lohn für ihr Elend, ihr Elend selbst verfluchen sie.

Ist dieses Hin- und Her-Gerissensein nicht verständlich? Wer gibt schon gern eine Stellung auf, die er sich mühevoll erarbeitet hat?

Excute istos, qui, quae cupiere, deplorant et de earum rerum loquuntur fuga, quibus carere non possunt: videbis voluntariam esse illis in eo moram, quod aegre ferre ipsos et misere loquuntur. (ep. 22, 10)

Schau sie dir genau an, diese Leute, die das, was sie gewollt haben, beklagen und über die Flucht vor Dingen reden, die sie nicht missen können. Dann wirst du sehen, dass sie freiwillig in dem Zustand bleiben, der sie angeblich mit Kummer erfüllt und unglücklich macht.

Eine pointierte Formulierung für dieses selbst verschuldete „Elend" vielleicht? Ein „echter Seneca"?

Ita est: paucos servitus, plures servitutem tenent. (ep. 22, 11)

So verhält es sich: Nur wenige Menschen hält die Knechtschaft fest, viel mehr Menschen halten an der Knechtschaft fest.

Haben wir's doch geahnt, dass Sie eine eingängige Kurzfassung „auf Lager" haben! Vielen Dank für die schöne Sentenz! Aber Sie wollen den potenziellen Aussteigern ja Mut machen. Wie kann man die Schwankenden „packen"?

Si propter hoc tergiversaris, ut circum aspicias, quantum feras tecum et quam magna pecunia instruas otium, numquam exitum invenies. Nemo cum sarcinis enatat. Emerge ad meliorem vitam propitiis diis!

(ep. 22, 12)

Wenn du deswegen einen Rückzieher machst, um dir ringsum genau anzuschauen, wie viel du mitnehmen kannst und mit wie viel Geld du deinen Ruhestand ausstattest, wist du niemals den Absprung finden. Niemand schwimmt mit Gepäck in die Freiheit. Entsteige den Fluten zu einem besseren Leben mit der gnädigen Hilfe der Götter!

Vielbeschäftigte in hohen Positionen blicken stets auf ihre Verantwortung – oder das, was sie dafür halten: Muss nicht noch dieses eine und jenes andere erledigt werden, bevor ich mit einigermaßen gutem Gewissen abtreten kann? Was sagen Sie zu solchen Skrupeln?

Quod primum est, impedire te noli: contentus esto negotiis, in quae descendisti, vel, quod videri mavis, incidisti. Non est, quod ad ulteriora nitaris, aut perdes excusationem et apparebit te non incidisse. (ep. 22, 4)

Das Allerwichtigste: Steh dir nicht selbst im Weg! Sei zufrieden mit den Aufgaben, auf die du dich eingelassen hast oder, was du lieber hörst, in die du hineingeschlittert bist. Es gibt keinen Grund, dich nach weiteren Aufgaben zu drängen – oder du verlierst deine Ausrede, und es wird klar, dass du eben nicht in irgendetwas hineingeschlittert bist.

Sollte man vielleicht nicht doch den letzten Karriereschritt abwarten, bevor man endgültig Adieu sagt? Schließlich hat man ja einiges in den Aufstieg investiert.

Maiora deinde officia te excipient et ex aliis alia. Quis exitus erit? Quid exspectas? Donec desinas habere, quod cupias? Numquam erit tempus. In eam demissus es vitam, quae numquam tibi terminum miseriarum ac servitutis ipsa factura sit. (ep. 19, 5f.)

Immer größere Aufgaben werden auf dich warten, eine folgt auf die andere. Und das Ende vom Lied? Worauf wartest du? Dass du vielleicht irgendwann einmal nichts mehr hast, was du dir wünschen könntest? *Der* Augenblick kommt nie. Du hast dich auf ein Leben eingelassen, das deinem Unglück und deiner Knechtschaft von selbst kein Ende machen wird.

Deshalb also gegebenenfalls sogar der Rückzug mit dem Ruck, den sie anfangs erwähnten. Wer aussteigt, wird den Gürtel enger schnallen müssen. In Ihren Augen sicher kein Problem. Aber wie kommunizieren Sie das dem unsicheren Ruhestands-Kantonisten?

Cogita, quam multa temere pro pecunia, quam multa laboriose pro honore temptaveris. Aliquid et pro otio audendum est. (ep. 19, 8)

Denk daran, wie viel du ohne Besinnung deinem Geldbeutel geopfert, wie viel Energie du in das Erreichen deiner ehrenvollen Stellung gesteckt hast. Irgendeinen Einsatz musst du auch für deinen Ruhestand wagen.

Sie würden Aussteigern also trotz der finanziellen Abstriche und der Einbuße an Sozialprestige zu einem „neuen" Leben raten?

Non potest parvo res magna constare. Aestima, utrum te relinquere an aliquid ex tuis malis. (ep. 19, 4)

Eine große Sache gibt es nicht zum Nulltarif. Prüfe, ob du lieber dich selbst aufgeben willst oder irgendetwas von deinem Geld und deiner Stellung.

WOHLTATEN FÜR EURO-SÜNDER?
„Das Gesetz der Wohltat: Der eine soll das Gegebene schnell vergessen, der andere das Empfangene niemals ..."

Sie haben sich ausführlich über *beneficia*, „Wohltaten", geäußert. Grund genug für uns, Sie in Sachen EU-Hilfe für das hoch verschuldete Griechenland zu konsultieren – auch wenn Ihr *beneficium*-Begriff mit prinzipiell rückzahlbaren Finanzspritzen nicht ganz deckungsgleich sein mag. Gibt es eine Rangfolge von Wohltaten?

> *Prima demus necessaria, deinde utilia, deinde iucunda, utique mansura.* (ben. I 2, 4f.)

An erster Stelle wollen wir Notwendiges gewähren, an zweiter Stelle Nützliches, an dritter Stelle Angenehmes, auf jeden Fall aber Nachhaltiges.

Na gut, die Kategorie „notwendig" dürfte erfüllt sein – und nützlich ist das Ganze sicher auch. Aber finden Sie es gut, dass die Griechen sich furchtbar aufgeregt haben, als Deutschland und andere Staaten im Vorfeld der Hilfe ziemlich gepokert haben?

> *Multos experimur ingratos, plures facimus. Quis nostrum contentus fuit aut leviter rogari aut semel? Quis non, cum aliquid a se peti suspicatus est, frontem adduxit, voltum avertit, occupationes simulavit, longis sermonibus et de industria non invenientibus exitum occasionem petendi abstulit et variis artibus necessitates properantes elusit, in angusto vero comprensus aut distulit, id est timide negavit, aut promisit, sed difficulter, sed subductis superciliis, sed malignis et vix exeuntibus verbis?* (ben. I 3, 5)

Viele erleben wir als undankbar, noch mehr aber machen wir dazu. Wer von uns hat sich je damit zufriedengegeben, behutsam oder auch nur einmal gebeten zu werden? Wer hat nicht, wenn er argwöhnte, es werde etwas von ihm erbeten, die Stirn gerunzelt, das Gesicht abgewendet, Geschäfte vorgeschützt, mit langen Gesprächen, die absichtlich kein Ende fanden, die Gelegenheit zu bitten abgewürgt und mit verschiedenen Tricks dringende Notwendigkeiten ausgesessen, in die Ecke getrieben aber seine Zusage entweder aufgeschoben – im Klartext: feige abgelehnt – oder versprochen, allerdings mit Vorbehalten, allerdings mit hochgezogenen Augenbrauen, allerdings mit wenig freundlichen und kaum von den Lippen gehenden Worten?

Ein bisschen Hinhaltetaktik wird ja wohl noch erlaubt sein. Es geht um Riesensummen!

Contra ingrata sunt, ut dixi, licet re ac specie magna videantur, quae danti aut extorquentur aut excidunt, multoque gratius venit, quod facili quam quod plena manu datur (ben. I 7, 2)

Im Gegenteil! Wie ich gesagt habe: Das ist unwillkommen, mag es auch an Sachwert und vom Äußeren her erheblich erscheinen, was dem Gebenden entweder abgerungen wird oder ihm gewissermaßen aus der Hand fällt. Bei Weitem erfreulicher kommt an, was mit leichter als was mit voller Hand gegeben wird.

Ein wenig Dankbarkeit darf man aber schon erwarten?

Docendi sunt libenter dare, libenter accipere, libenter reddere et magnum ipsis certamen proponere: eos, quibus obligati sunt, re animoque non tantum aequare, sed vincere. (ben. I 4, 3)

Die Leute müssen dazu gebracht werden, gern zu geben, gern anzunehmen, gern zurückzugeben – und sich selbst einen großen Wettstreit vorzunehmen: es denen, denen sie verpflichtet sind, in der Sache wie in der Einstellung nicht nur gleichzutun, sondern sie zu übertreffen.

Eine hehre Einstellung, aber, verzeihen Sie, eine ziemlich idealistische. Deshalb noch einmal: Ist Dankbarkeit der anderen Seite eine Kategorie für das Erweisen einer Wohltat?

Haec beneficii inter duos lex est: alter statim oblivisci dati, alter accepti numquam. (ben. II 10, 4)

Dies ist das Gesetz der Wohltat zwischen zwei Partnern: Der eine soll das Gegebene sofort vergessen, der andere das Empfangene niemals.

Sie verlangen den Gebenden einiges ab. Und was ist, wenn das Ganze wieder im Nirwana versickert?

Beneficium etiam amisso eo, per quod datum est, durat. Est enim recte factum, quod inritum nulla vis efficit. (ben. I 5, 3)

Eine Wohltat hat auch dann Bestand, wenn das, für das sie gegeben wurde, verloren ist. Es ist nämlich richtig gehandelt, und das macht keine Macht der Welt ungeschehen.

Wenn sich aber der Empfänger einer Wohltat als unwürdig, weil undankbar erweist, dann ist Schluss?

Ingratus est adversus unum beneficium? Adversus ceterum non erit.

Duorum oblitus est? Tertio etiam in eorum, quae exciderunt, memo-
riam reducetur. Quocumque se convertit memoriam suam fugiens, ibi
te videat: beneficiis illum tuis cinge! (ben. I 2, 5; 3, 1)
Er ist undankbar gegenüber einer Wohltat? Zweien gegenüber wird er
es nicht sein. Er hat zwei vergessen? Durch die dritte Wohltat wird er
zur Erinnerung an die Wohltaten, die ihm entfallen sind, zurückgebracht
werden. Wohin er sich auch auf der Flucht vor seiner Erinnerung wendet,
dort soll er dich erblicken: Kreise ihn mit deinen Wohltaten ein!

**Ganz schön beanspruchend, was Sie von den Gebern erwarten! Es ist
schließlich unser gutes Geld, das da den Besitzer wechselt.**
*Multum interest inter materiam beneficii et beneficium. Itaque nec
aurum nec argentum nec quicquam eorum, quae pro maximis acci-
piuntur, beneficium est, sed ipsa tribuentis voluntas. Non potest beneficium manu tangi, res animo geritur.* (ben. I 4, 2)
Es besteht ein großer Unterschied zwischen dem Gegenstand einer Wohltat und der Wohltat als solcher. Deshalb ist weder Gold noch Silber noch
irgendetwas von dem, das gemeinhin als das Größte gilt, eine Wohltat,
sondern nur der Wille des Wohltäters. Eine Wohltat kann man nicht mit
Händen greifen; es handelt sich um eine Frage der Einstellung.

**Verstehen wir Sie richtig: Die Milliarden Euros, die zu den Griechen fließen,
sind gar nicht das Entscheidende?**
*Non, quid fiat aut quid detur, refert, sed qua mente, quia beneficium
non in eo, quod fit aut datur, consistit, sed in ipso dantis aut facientis
animo.* (ben. I 6, 1)
Es spielt keine Rolle, was getan oder was gegeben wird, sondern in welchem Geist, weil eine Wohltat nicht in dem besteht, was getan oder gegeben
wird, sondern in der Haltung des Gebenden oder Handelnden an sich.

**Es dürfte nicht ganz so leicht fallen, dies einer Frau Merkel oder einem
Herrn Sarkozy zu vermitteln. Konfliktscheu sind Sie fürwahr nicht.**
Maluerim veris offendere quam placere adulando. (clem. I 2, 2)
Mit ist es lieber, mit der Wahrheit Anstoß zu erregen als durch Schmei-
chelei zu gefallen.

FREUNDSCHAFT
„Zweifellos haben die Gefühle Liebender eine gewisse Ähnlichkeit mit der Freundschaft"

„Genug sind mir ganz wenige, genug ist ein Einziger, genug ist gar keiner" – dieses Wort machen Sie sich gern zu eigen, um Ihr – sagen wir – Misstrauen gegenüber den Menschen, wenn sie als Masse auftreten, auf den Punkt zu bringen. Der wahre Weise genügt also sich selbst. Er ist autark. Braucht er keine Freunde?

Ita sapiens se contentus est, non ut velit esse sine amico, sed ut possit. (ep. 9, 5)

Der Weise ist so mit sich zufrieden, dass er zwar nicht ohne Freund sein *will*, aber dass er es *kann*.

Sie werden gerade in der Zeit, als Sie eine führende Stellung im Staat innehatten, viele Menschen gekannt haben, die sich als Ihre Freunde angesehen und die Sie vielleicht in einem alltäglichen Sinn auch als solche bezeichnet haben. Bei der Auswahl echter Freunde dürften Sie sorgfältiger vorgegangen sein.

Si aliquem amicum existimas, cui non tantundem credis quantum tibi, vehementer erras et non satis nosti vim verae amicitiae. Tu vero omnia cum amico delibera, sed de ipso prius: post amicitiam credendum est, ante amicitiam iudicandum. Isti vero praepostero officia permiscent, qui, cum amaverunt, iudicant et non amant, cum iudicaverunt. (ep 3, 2)

Wenn du jemanden für deinen Freund hältst, dem du nicht ebenso vertraust wie dir selbst, dann bist du gewaltig im Irrtum und kennst die Kraft wahrer Freundschaft nicht genug. Du solltest alles gemeinsam mit dem Freund beraten, über ihn aber vorher. Wenn die Freundschaft geschlossen ist, muss man unbedingt Vertrauen haben, bevor man Freundschaft schließt, muss man sich ein Urteil bilden. Diejenigen aber vertauschen die Reihenfolge, die, wenn sie schon lieben, anfangen zu urteilen und nicht mehr lieben, wenn sie zu einem Urteil gelangt sind.

Eine sehr vertrauensvolle Freundschaft, die Ihnen da vorschwebt. Darf der Nutzen eine Rolle spielen, wenn man Freundschaft schließt?

Qui amicus esse coepit, quia expedit, desinet etiam, quia expedit. Placebit aliquod pretium contra amicitiam, si ullum in illa placet praeter ipsam. (ep. 9, 9)

Wer eine Freundschaft anfängt, weil es ihm nützlich ist, wird sie beenden, weil es ihm nützlich ist. Irgendein Vorteil wird ihm dann besser gefallen als die Freundschaft, wenn ihm in der Freundschaft irgendetwas gefällt außer ihr selbst.

Ist eine utilitaristische (Teil-)Motivation wirklich so verheerend für die Stabilität einer Freundschaft?

> *Quemadmodum coepit, sic desinet. Paravit amicum adversum vincula laturum opem: cum primum crepuerit catena, discedet. Hae sunt amicitiae, quas temporarias populus appellat: qui utilitatis causa assumptus est, tam diu placebit, quamdiu utilis fuerit. Hac re florentes amicorum turba circumsedet, circa eversos solitudo est, et inde amici fugiunt, ubi probantur.* (ep. 9, 8f.)

Wie sie begonnen hat, so wird sie enden. Da hat einer einen Freund gewonnen, der ihm gegen Verhaftung und Gefängnis Hilfe bringen soll: Sobald die Kette klirrt, wird der sich aus dem Staube machen. Das sind Freundschaften, die das Volk als „vorübergehende" bezeichnet: Wer um des Nutzens willen zum Freund genommen worden ist, wird nur so lange gefallen, wie er nützlich ist. Deshalb schart sich eine große Gruppe von Freunden um die, denen es gut geht; sind sie gestürzt, so herrscht Einsamkeit um sie herum, und die Freunde fliehen von da, wo sie auf die Probe gestellt werden.

Dann sagen Sie uns, warum Sie persönlich innige Freundschaften anstreben. Oder, wenn es Ihnen bei diesem sehr persönlichen Thema lieber ist, mit welcher Zielsetzung der stoische Weise das tut.

> *Sapiens habere amicum vult, si nihil aliud, ut exerceat amicitiam, ne tam magna virtus iaceat, ut habeat aliquem, cui ipse aegro adsideat, quem ipse circumventum hostili custodia liberet. Qui se spectat et propter hoc ad amicitiam venit, male cogitat.* (ep. 9, 8)

Der Weise will einen Freund haben, wenn aus keinem anderen Grund, dann um Freundschaft zu pflegen, damit nicht eine so wertvolle Tugend brachliegt, und damit er jemanden hat, an dessen Krankenlager er selbst sitzen kann, den er selbst befreien kann, wenn der in die Gefangenschaft von Feinden geraten ist. Wer dagegen auf sich selbst schaut und deshalb eine Freundschaft eingeht, der denkt schäbig.

Also eine rein altruistische Motivation. Der Weise selbst hat gar nichts davon? Wir melden Zweifel an.

> *Ad amicitiam fert illum nulla utilitas sua, sed naturalis inritatio; nam ut aliarum nobis rerum innata dulcedo est, sic amicitiae. Quomodo*

solitudinis odium est et adpetitio societatis, quomodo hominem homi-
ni natura conciliat, sic inest huic quoque rei stimulus, qui nos amici-
tiarum appetentes faciat. (ep. 9, 17)

Zur Freundschaft treibt ihn kein persönlicher Nutzen, sondern ein natür-
licher Trieb. Denn wie uns ein angenehmes natürliches Verlangen nach
anderen Dingen von Geburt an mitgegeben ist, so auch das nach Freundschaft. Wie wir Einsamkeit verabscheuen und Gemeinschaft anstreben,
wie die Natur den Menschen mit dem Menschen zusammenbringt, so
schlummert in uns auch ein Trieb, der uns veranlasst, Freundschaften
anzustreben.

Wie eng verbindet echte Freundschaft zwei Menschen?

Non sum amicus, nisi quicquid agitur ad te pertinens meum est. Con-
sortium rerum omnium inter nos facit amicitia, nec secundi quicquam
singulis est nec adversi: in commune vivitur. Nec potest quisquam
beate degere, qui se tantum intuetur, qui omnia ad utilitates suas
convertit; alteri vivas oportet, si vis tibi vivere. (ep. 48, 2)

Ich bin kein echter Freund, wenn nicht alles, was dich betreffend geschieht, auch meine Sache ist. Die Freundschaft stiftet eine Gemeinschaft aller Dinge zwischen uns, und weder ein Glück noch ein Unglück
gibt es nur für den einen von uns: Man lebt gemeinsam. Keiner kann
glücklich leben, der nur auf sich schaut, der alles nur auf seinen eigenen Nutzen bezieht. Du musst für den anderen leben, wenn du für dich
leben willst.

Ein hoher emotionaler Anspruch, den Sie da formulieren!

Non dubie habet aliquid simile amicitiae affectus amantium. (ep. 9, 11)

Ohne Zweifel haben die Gefühle von Liebenden eine gewisse Ähnlichkeit
mit der Freundschaft.

Auch die können bekanntlich in die Brüche gehen, zumal wenn es eine Schönwetter-Beziehung ist. Gibt es auch da Parallelen zur Freundschaft?

Non est vel ob hoc unum amanda paupertas, quod, a quibus ameris,
ostendet? O quando ille veniet dies, quo nemo in honorem tuum men-
tiatur! (ep. 20, 7)

Muss man nicht gerade wegen dieses einen Aspekts die Armut lieben, weil
sie zeigen wird, von wem du wirklich geliebt wirst? Ach, wann wird der
Tag kommen, an dem keiner mehr lügt, um dich zu ehren!

Die eigentliche Nagelprobe für die Freundschaft ist also, Sie haben es zum wiederholten Male formuliert, das Unglück. Das scheint uns gleichwohl etwas zu wenig. Was bedeutet Freundschaft für den, der Fortunas Gunst erfährt?

Fidele consilium, adsidua conversatio, sermo comis et sine adulatione iucundus, aures, si deliberari velit, diligentes, tutae, si credere, convictus familiaritatis. Neminem tam alte secunda posuerunt, ut non illi eo magis amicus desit, quia nihil absit. (ben. VI 29, 2)

Vertrauenswürdiger Rat, beständige Unterhaltung, freundschaftliche und angenehme Gespräche, aber ohne Schmeichelei, aufmerksame Ohren, wenn der Freund beraten werden will, verschwiegene, wenn er etwas anvertrauen möchte, kurz: Vertrautheit des Zusammenlebens. Niemanden haben glückliche Lebensumstände so hoch gestellt, dass ihm nicht umso mehr ein Freund fehlt, weil ihm sonst nichts fehlt.

„Keine Schmeichelei", sagen Sie. Man darf also dem Freund, besonders dem hochgestellten, offen die Meinung sagen. Oder sollte das sogar?

Monstrabo tibi, quid omnia possidentibus desit: scilicet ille, qui verum dicat et hominem inter mentientes stupentem et ad ignorantiam veri perductum vindicet a consensu concentuque falsorum. (ben. VI 30, 3)

Ich werde dir zeigen, was einem, der alles besitzt, fehlt: Natürlich einer, der ihm die Wahrheit sagt und den Menschen, der inmitten all der Lügner geradezu erstarrt und zur Unkenntnis der Wahrheit verleitet worden ist, von dem Harmoniekonzert mit dem Falschen erlöst.

Zum Schluss vielleicht noch ein Rat, wie man Freunde am besten gewinnt und Freundschaften pflegt?

Si vis amari, ama! (ep. 9, 6)

Willst du geliebt werden, so liebe!

PESSIMISMUS UND GERMAN ANGST
„Was nützt es, seinem Schmerz entgegenzulaufen?"

Ihr philosophischer Kampf richtet sich gegen die Wechselfälle des Schicksals. Genauer gesagt: gegen deren Herrschaft über uns Menschen. Wie lässt sie sich verhindern?

> *Nihil nobis improvisum esse debet; in omnia praemittendus animus cogitandumque non quicquid solet, sed quicquid potest fieri. Quid enim est, quod non fortuna, cum voluit, ex florentissimo detrahat?* (ep. 91, 4)

Nichts darf uns unvorhergesehen treffen. Auf alles muss unser Geist vorher gefasst sein. Zu bedenken ist alles vorher – nicht was üblicherweise geschieht, sondern was geschehen kann. Denn was gibt es, das das Schicksal, wenn es sich dazu entschlossen hat, nicht aus der schönsten Blüte herunterziehen könnte?

Man sollte also, raten Sie, auch in guten Zeiten auf einen jähen Umschwung gefasst sein. Kann man von einer Allmacht des Schicksals sprechen?

> *In ipsis voluptatibus causae doloris oriuntur. In subitas tempestates hibernisque maiores agitur aestiva tranquillitas. Nihil privatim, nihil publice stabile est; tam hominum quam urbium fata volvuntur* (ep. 91, 5 und 7)

Gerade im Genuss entstehen Ursachen von Leid. Sommerlich ruhige Luft schlägt in plötzliche Stürme um, die stärker sind als Winterstürme. Nichts im privaten, nichts im öffentlichen Leben ist beständig; das Schicksal einzelner Menschen wie ganzer Städte verkehrt sich ins Gegenteil.

Was ich nicht ändern kann, dagegen muss ich mich qua Verstand wappnen: Ist das die von Ihnen verabreichte Arznei gegen die Tücken des Schicksals?

> *Cogitanda sunt omnia et animus adversus ea, quae possunt evenire, firmandus. In plenum cogitanda fortuna est.* (ep. 91, 7-8)

Alles muss bedacht werden, und der Geist muss sich gegen das, was passieren kann, rüsten. Die Macht des Schicksals muss man sich als Einwirkung mit voller Wucht vorstellen.

Auf Stabilität oder zumindest effizientes Krisenmanagement für Worst-Case-Szenarien braucht man nicht zu hoffen?

> *Hoc unum scio: omnia mortalium opera mortalitate damnata sunt, inter peritura vivimus.* (ep. 91, 12)

Dies Eine weiß ich: Alle Werke der Sterblichen sind zur Sterblichkeit verurteilt. Wir leben inmitten von Vergänglichem.

Lastet da nicht ein ziemlich Albdruck auf Menschen, die sich klarmachen, dass es von heute auf morgen mit den guten Zeiten vorbei sein kann? Einfach deshalb, weil ihnen dadurch schon die Gegenwart vermiest wird?

Quemadmodum scio omnia accidere posse, sic scio et non utique casura. Itaque secunda exspecto, malis paratus sum. (ep. 88, 17)

Ich weiß zwar, dass alles passieren kann, aber ich weiß auch, dass es nicht auf jeden Fall eintreten wird. Deshalb erwarte ich Gutes, bin aber auf Schlimmes gefasst.

Das hört sich deutlich optimistischer an. Es geht also darum, sich grundsätzlich mit den Volten des Schicksals vertraut zu machen – aber nicht auf mögliche künftige Übel wie das Kaninchen auf die Schlange zu starren?

Plura sunt, quae nos terrent, quam quae premunt, et saepius opinione quam re laboramus. Quaedam nos magis torquent quam debent, quaedam ante torquent quam debent, quaedam torquent, cum omnino non debeant. Aut augemus dolorem aut praecipimus aut fingimus. (ep. 13, 4f.)

Es gibt mehr Dinge, die uns in Schrecken versetzen, als Dinge, die uns tatsächlich belasten, und wir leiden öfter unter der Einbildung als unter der Wirklichkeit. Manche Dinge quälen uns mehr, als es sein müsste, manche früher, als es sein müsste, manche quälen uns, obwohl es überhaupt nicht sein müsste. Entweder vergrößern wir unser Leid künstlich oder wir nehmen es vorweg oder wir bilden es uns nur ein.

Was raten Sie den zum Pessimismus Neigenden?

Illud tibi praecipio, ne sis miser ante tempus, cum illa, quae velut imminentia expavisti, fortasse numquam ventura sint, certe non venerint. (ep. 13, 4)

Dies empfehle ich dir dringend: Sei nicht unglücklich vor der Zeit! Denn was dir als drohendes Unheil Angst macht, tritt vielleicht nie ein – und ganz bestimmt ist es ja noch nicht eingetreten.

Sie raten zur Gelassenheit. Das liegt nicht jedem. Sie werden erstaunt sein, wie sich die Psychologie gerade der Germanen geändert hat: *metus Germanicus* ist heutzutage nicht mehr die „Angst vor den Germanen", sondern die „Angst der Germanen". Die Britannier sprechen sogar von „German Angst". Was sagen Sie einem Angst-Deutschen?

Ipse te interroga: Numquid sine causa crucior et maereo et quod non est malum, facio? Etiam si futurum est, quid iuvat dolori tuo occurrere? (ep. 13, 6 und 10)

Frage dich selbst: Martere ich mich vielleicht ohne Grund und bin ich niedergeschlagen und mache etwas, das gar nicht schlimm ist, erst dazu? Auch wenn es wirklich bevorsteht, was nützt es, seinem Schmerz entgegenzulaufen?

Woran kann man erkennen, ob eine Angst grundlos ist oder begründet?

Aut praesentibus torquemur aut futuris aut utrisque. De praesentibus facile iudicium est: si corpus tuum liberum est, sanum est, nec ullus ex iniuria dolor est, videbimus, quid futurum est. Hodie nihil negotii habet. (ep. 13, 7)

Wir quälen uns entweder mit Gegenwärtigem herum oder mit Künftigem oder mit beidem. Was Gegenwärtiges angeht, so ist die Entscheidung leicht: Wenn du körperlich frei und gesund bist und du keinerlei Schmerz aufgrund eines Unrechts empfindest, dann können wir abwarten, was die Zukunft bringt. Heute haben wir damit nichts zu schaffen.

Und was die Zukunft angeht?

Primum dispice, an certa argumenta sint venturi mali; plerumque enim suspicionibus laboramus. Cito accedimus opinioni; non coarguimus illa, quae nos in metum adducunt, nec excutimus, sed trepidamus. Inquiramus itaque in rem diligenter. Verisimile est aliquid futurum mali: non statim verum est. Quam multa exspectata nusquam comparuerunt! Habet etiam mala fortuna levitatem. Fortasse erit, fortasse non erit; interim non est. Meliora propone! (ep. 13, 8. 10. 11)

Erst einmal prüfe genau, ob es sichere Anzeichen für künftiges Unglück gibt. Oft nämlich leiden wir unter bloßem Argwohn und Verdacht. Schnell lassen wir uns auf eine Einbildung ein; wir setzen uns nicht kritisch mit den Dingen auseinander, die uns Angst einjagen, wir schütteln sie nicht ab, sondern wir geraten in Panik. Wir sollten deshalb die ganze Sache genau anschauen. Ein künftiges Unglück steht wahrscheinlich bevor – aber es ist noch nicht Wirklichkeit. Wie vieles, das man erwartet hat, hat sich nicht gezeigt! Auch das Unglück hat sein Quantum an Unberechenbarkeit. Vielleicht wird es kommen, vielleicht auch nicht. In der Zwischenzeit ist es jedenfalls nicht da. Geh vom Besseren aus!

Sie sind hartnäckig mit Ihrer Aufforderung zum positiven Denken. Vielleicht hilft's ja! Wir sind, ehrlich gesagt, angenehm überrascht, wie eindeutig Sie sich auf die Seite der Hoffnung schlagen.

Spem ac metum examina, et quotiens incerta erunt omnia, tibi fave: crede, quod mavis. (ep. 13, 13)

Wäge Hoffnung und Furcht gegeneinander ab, und jedes Mal, wenn alles ungewiss ist, meine es gut mit dir: Glaube, was du lieber willst!

Ihr Wort in der Bedenkenträger Ohr! Können Sie den Unschlüssigen noch ein aufmunterndes Wort mit auf den Optimismus-Weg geben?

Aliquis carnifici suo superstes fuit (ep. 13, 11)

Manch einer hat schon seinen Henker überlebt.

SENECAS PHILOSOPHISCHER KATECHISMUS
„Ganz wenige, die Herr über sich selbst sind ..."

In Ihren „Naturwissenschaftlichen Untersuchungen" findet sich eine konzentrierte Zusammenstellung Ihrer philosophischen Kerngedanken unter der sich wiederholenden Fragestellung „Was ist das Wesentliche?". Wir möchten uns bei diesem Gespräch daran orientieren und Ihnen nur knappe Stichwörter liefern. Rom ist eine Weltmacht, Inbegriff der Unbesiegbarkeit. Sind Siege wesentlich?

> *Quid praecipuum in rebus humanis est? Animo omne vidisse et, qua maior nulla victoria est, vitia domuisse. Innumerabiles sunt, qui populos, qui urbes habuerunt in potestate, paucissimi, qui se.* (NQ III pr. 10)

Was ist wesentlich im menschlichen Leben? Das Ganze der Natur mit dem Geist erfasst und – der größte Sieg von allen – seine eigenen Fehler überwunden zu haben. Es gibt unzählige Männer, die Völker und Städte in ihrer Gewalt gehabt haben, aber nur ganz wenige, die Herren über sich selbst waren.

Welche Haltung gegenüber dem Schicksal ist entscheidend?

> *Quid est praecipuum? Erigere animum supra minas et promissa fortunae, nihil dignum putare, quod speres.* (NQ III pr. 11)

Was ist wesentlich? Sich über die Drohungen und Versprechungen des Schicksals zu erheben und nichts für wert zu erachten, dass man darauf hofft.

Wie weit lässt man Unglück an sich heran?

> *Quid est praecipuum? Posse laeto animo adversa tolerare; quicquid acciderit, sic ferre, quasi tibi volueris accidere. Debuisses enim velle, si scisses omnia ex decreto dei fieri. Flere, queri et gemere desciscere est.* (NQ III pr. 12)

Was ist wesentlich? Unglück frohen Mutes zu ertragen. Alles, was geschieht, so hinzunehmen, als hättest du es gewünscht, dass es dir widerfahre. Du hättest es nämlich wollen müssen, wenn du gewusst hättest, dass alles nach Gottes Ratschluss geschieht. Weinen, Klagen und Stöhnen heißt von Gott abtrünnig werden.

Wie definieren Sie Tapferkeit?

> *Quid est praecipuum? Animus contra calamitates fortis et contumax, nec avidus periculi nec fugax, qui sciat fortunam non exspectare, sed*

facere, intrepidus inconfususque prodire nec illius tumultu nec huius fulgore percussus. (NQ III pr. 13)

Was ist wesentlich? Eine tapfere, zähe Haltung gegenüber Rückschlägen, eine Einstellung, die Gefahr nicht sucht, aber auch nicht vor ihr flieht, die es versteht, das Schicksal nicht abzuwarten, sondern selbst zu handeln, und die sich weder vom Glück noch vom Unglück ins Bockshorn jagen und verwirren lässt, die standhaft auftritt und sich weder vom Alarmgeschrei des Unglücks noch vom Glanz des Glücks aus der Fassung bringen lässt.

Gibt es ein Gebot der Solidarität unter den Menschen?

Quid est praecipuum? Nullum bonum petere, quod, ut ad te transeat, aliquis dare debet, aliquis amittere; optare, quid sine adversario optatur: bonam mentem. (NQ III pr. 14)

Was ist wesentlich? Keinen Vorteil anzustreben, den dir, damit er zu dir gelangt, ein anderer abgeben, ein anderer verlieren muss; zu wünschen, was man wünschen kann, ohne dass jemand etwas dagegen hat: ein charakterlich integrer Mensch zu sein.

Was gemeinhin als anzustrebendes Gut gilt wie Wohlstand, Gesundheit, gesellschaftliche Anerkennung, bezeichnen Sie als *fortuita*, „Glücksgüter". Wie wichtig sind sie?

Quid est praecipuum? Altos supra fortuita spiritus tollere, hominis meminisse, ut, sive felix eris, scias hoc non futurum diu, sive infelix, scias hoc te non esse, si non putes. (NQ III pr. 15)

Was ist wesentlich? Sich weit über die Glücksgüter zu erheben, daran zu denken, dass man Mensch ist, damit man nicht im Glück glaubt, das werde lange andauern, und im Unglück weiß, dass man nicht wirklich unglücklich ist, wenn man sich nicht selbst dafür hält.

Die meisten Menschen verdrängen den Tod. Aus Ihrer Sicht ein fataler Fehler?

Quid est praecipuum? In primis labris animam habere; haec res efficit non e iure Quiritium liberum, sed e iure naturae. (NQ III pr. 16)

Was ist wesentlich? Den letzten Atemzug ganz vorn auf den Lippen zu haben. Das bewirkt, dass man frei ist – nicht im Sinne des römischen Rechts, wohl aber nach dem Recht der Natur.

Freiheit ist ein hohes Gut? Aber wie erlangen wir sie?

Quid est praecipuum? Sibi servire gravissima est servitus. Liber est autem, qui servitutem suam effugit, haec est assidua et ineluctabilis et per diem ac noctem aequaliter premens, sine intervallo, sine com-meatu. (NQ III pr. 17 und 16)

Was ist wesentlich? Die drückendste Knechtschaft ist es, sein eigener Sklave zu sein. Frei aber ist, wer dieser eigenen Sklaverei entflieht – sie bedrängt uns ansonsten ständig, unabwendbar, Tag und Nacht in gleicher Weise, ohne Pause, ohne Urlaub.

Was macht Sie so sicher, dass der Mensch all das trotz großer Widerstände von innen wie von außen erreichen kann?

Quid est in homine proprium? Ratio. Haec recta et consummata feli-citatem hominis implevit. (ep. 76, 10)

Was ist das Spezifikum des Menschen? Die Vernunft. Wenn sie richtig ausgebildet wird und vollkommen ist, hat sie das Glück des Menschen vollendet.

Anhang

Abkürzungsverzeichnis

ben.	de beneficiis	Über die Wohltaten
brev. vit.	de brevitate vitae	Über die Kürze des Lebens
clem.	de clementia	Über die Milde
cons. Helv.	ad Helviam matrem de consolatione	Trostschrift an Mutter Helvia
cons. Marc.	ad Marciam de consolatione	Trostschrift an Marcia
cons. Polyb.	ad Polybium de consolatione	Trostschrift an Polybius
const. sap.	de constantia sapientis	Über die Standhaftigkeit des Weisen
ep.	ad Lucilium epistulae morales	Briefe über Ethik an Lucilius
ira	de ira	Über die Wut
NQ	naturales quaestiones	Naturwissenschaftliche Fragen
ot.	de otio	Über die Muße
prov.	de providentia	Über die Vorsehung
tr. an.	de tranquillitate animi	Über den Seelenfrieden
vita beata	de vita beata	Über das glückliche Leben

Der lateinische Text in diesem Buch folgt im Wesentlichen der Ausgabe von François Préchac. Kürzungen in den Seneca-Passagen sind nicht kenntlich gemacht. Die Übersetzungen stammen von Karl-Wilhelm Weeber.

LUCIUS ANNAEUS SENECA, um Christi Geburt in Corduba (Spanien) geboren, als Kind nach Rom übergesiedelt; dort zwischen 16 und 22 n. Chr. Ausbildung in Rhetorik und Philosophie, Bekleidung politischer Ämter; von 41 bis 49 von Kaiser Claudius nach Corsica verbannt, weil er in eine Hofintrige verwickelt war; ab 49 Prinzenerzieher Neros, von 54-62 enger Berater des jugendlichen Kaisers Nero z. T. mit den Aufgaben eines Regierungschefs, 62 Rückzug aus der Politik; 65 Freitod auf Verlangen Neros wegen angeblicher Beteiligung an einer Verschwörung.

Seneca verstand sich als undogmatischer stoischer Philosoph, für den Philosophie vorrangig Lebenskunst war. Er schrieb zahlreiche philosophische Traktate („Dialoge"), u. a. *de vita beata*, „Über das glückliche Leben", sowie Tragödien und eine Satire auf den verstorbenen Kaiser Claudius. Zu seinen wirkungsmächtigsten Schriften gehören die 124 essayistischen „Briefe an Lucilius", die ebenso nach seinem Rückzug aus der Politik entstanden wie die „Naturwissenschaftlichen Untersuchungen".

KARL-WILHELM WEEBER, Jahrgang 1950, ehem. Direktor des Wilhelm-Dörpfeld-Gymnasiums Wuppertal, ist Honorarprofessor (Alte Geschichte) an der Universität Wuppertal sowie Lehrbeauftragter für die Didaktik der Alten Sprachen an der Ruhr-Universität Bochum. Bei Primus ist von ihm zuletzt erschienen: *Latin reloaded. Von wegen Denglisch – alles nur Latein!* (2011)